30 ÜBUNGEN & ERFOLGSRITUALE

FÜR EIN GROSSARTIGES LEBEN

Persönlichkeitsentwicklung

Meine 30 besten Übungen und Erfolgsrituale für ein großartiges Leben

(Meine Erfolgsgeheimnisse in einem Buch)

Cosima Sieger

Copyright: © 2018 Cosima Sieger

Ein Buch aus der Reihe der
Cosima Sieger Ratgeber

„Ich helfe Menschen, stark, gelassen und glücklich zu werden"

Cosima Sieger

Inhalt

Dein Weg in ein großartiges Leben!	6
TEIL I	9
30 Übungen und Erfolgsrituale für ein großartiges Leben	9
Wie Du mehr Liebe empfangen kannst	9
Wie Du Beziehungen vertiefst	12
Glücksritual: Deine persönliche Glücksstunde	14
Lebensziele finden – oder: was Sterbende am meisten bereuen	16
Die Macht unserer Gedanken	18
2 Minuten Übung für mehr Selbstliebe	20
Mein Problemlösungsritual	21
Den Fokus schärfen – Mein Ritual für einen scharfen Fokus, mit dem ich Veränderungen herbeiführe	25
Der Zugang zu meiner wahren Kraft – Mein Geheimnis für ein unerschütterliches Selbstvertrauen	28
Verzeihen und Groll loslassen ohne Selbstaufgabe	38
Selbstliebe lernen: Die Macht der inneren Stimme	41
Wie ich meine Wünsche Realität werden lasse	46
Stresspause: Meine kleine Schneckenzeit	51
Wenn ich mich einmal klein und wertlos fühle	53
Gedankenblues (Depressive Verstimmung)	55
Die Kunst des Loslassens	59

Warum Du Dich selbst lieben musst, um achtsam zu leben	62
Wie Du tiefe Liebe leben kannst	64
Selbstliebe in der Praxis: Wie Du Dich selbst schützen lernst	66
Kleines Achtsamkeitsritual für Dich selbst	68
Leichte Übung für ein Leben in Balance	69
Selbstwert stärken	70
Ein positives Selbstbild aufbauen	71
Kleine Übung für mehr Selbstvertrauen	72
Kleine Dankbarkeitsübung	75
Noch eine kleine Übung für mehr Dankbarkeit	76
Deine Werte sind Dein Kompass im Leben	77
2 Minuten-Übung für ein starkes Selbstbewusstsein	79
Kleine Zitronen-Übung	80
Erschaffe Fülle!	82
TEIL II	83
Dein Weg in die Praxis	83
3 Grundsätze, wie Du mit neuen Ritualen Dein Leben veränderst	83
Deine Komfortzone und was passiert, wenn Du sie verlässt	87
Du brauchst gute Gründe, um Deine Komfortzone zu verlassen – Finde DEINE Gründe!	90
Und zum Schluss	93
Anhang, Haftungsausschluss und Copyright	97

Dein Weg in ein großartiges Leben!

Liebe Leserin, lieber Leser,

In diesem Buch möchte ich Dir meine besten Übungen und Erfolgsrituale für ein großartiges Leben vorstellen, mit denen auch Du stark, gelassen und glücklich werden und dauerhaft bleiben kannst.

Es sind meine 30 wirksamsten Übungen, Rituale und Gewohnheiten mit denen ich selbst seit vielen Jahren arbeite. Man könnte sagen, dieses Buch enthält meine Geheimnisse für ein großartiges Leben.

Jede der Übungen und Rituale ist schnell und einfach gemacht (viele benötigen nur 2 Minuten!), aber sie setzen - wie immer in meiner Arbeit - direkt im Kern einer Sache an und transformieren sie von innen heraus, sodass sie deutlich stärker wirken, als von außen angewandte Techniken und Dich und Dein Leben viel schneller, wirksamer und dauerhafter verbessern können.

Dieses Buch kann Dich in den nächsten Jahren begleiten, wenn Du das möchtest und Du kannst auf zweierlei Weise damit arbeiten:

Du kannst es als Nachschlagewerk nutzen, und Dir je nach Situation, in der Du Dich gerade befindest und für die Du Dir Hilfe wünschst, einfach die passende Übung aussuchen. Ganz gleich ob Du mehr Gelassenheit erreichen, Dein Selbstvertrauen aufbauen, Deine Selbstliebe stärken, loslassen oder etwas anderes erreichen, tun oder sein möchtest.

Du kannst dieses Buch aber auch als Praxisbuch für Deine persönliche innere und äußere Entwicklung verwenden und die Übungen, die am besten zu dem passen, was Du in Dir und Deinem Leben im Moment entwickeln willst, als feste Erfolgsrituale in Deinen Alltag einführen.

Dafür empfehle ich Dir, Dich auf maximal 7 Übungen oder Rituale zu beschränken und sie entweder täglich (für wenige Minuten) oder als wöchentliches Ritual fest in Deinen Alltag einzubauen.

Die Veränderungen, die Du durch die regelmäßige Wiederholung der Übungen erzielen kannst, wird Deine Erwartungen bei weitem übertreffen und Dich zu einem vollkommen neuen Menschen machen!

Du findest im zweiten Teil dieses Buches eine Anleitung, wie Du Erfolgsrituale so in Deinen Alltag einführst, dass sie ihre volle Wirkung entfalten können. Du erhältst dort auch eine Anleitung, wie Du Deine Motivation zur Veränderung aufbaust und wir werden gemeinsam den ersten Schritt aus Deiner Komfortzone hinein in ein neues Leben gehen.

Lass uns nun aber gleich beginnen mit dem ersten Teil des Buches, meinen 30 besten Übungen und Erfolgsritualen für ein starkes, gelassenes und glückliches Leben!

Ich wünsche Dir viel Freude beim Lesen und wünsche mir, dass dieses Buch Dein Begleiter werden darf und Dir ebenso helfen wird, aus eigenen Stücken ein großartiges Leben aufzubauen, wie mir und meinen Lesern!

Deine Cosima Sieger

TEIL I

30 Übungen und Erfolgsrituale für ein großartiges Leben

Wie Du mehr Liebe empfangen kannst

Es ist Dein Geburtsrecht geliebt zu werden!

Aber oft haben wir den Glauben daran verloren und können die Liebe, das Wohlwollen und die Sympathien anderer Menschen nicht mehr wahrnehmen.

Wir haben unseren Fokus darauf trainiert, wahrzunehmen, wer uns womöglich Böses wollen, uns etwas wegnehmen und vielleicht schaden könnte. Das ist natürlich ein sinnvoller Schutzmechanismus - aber in MASSEN!

Wenn dieser Filter in unserem Kopf zu stark geworden ist, können die positiven Energien um uns herum und die Menschen mit positiver Absicht nicht mehr in unser Bewusstsein gelangen.

Ich möchte Dir hier eine kleine, denkbar einfache Übung vorstellen, wie Du diesen Filter in Deinem Kopf etwas lichten kannst und die Liebe wieder wahrnehmen kannst, die zwar nicht überall, aber doch an vielen Stellen (an denen Du sie vielleicht gar nicht erwartest) um Dich herum auf Dich gerichtet ist.

Und hier ist meine Übung, mit der Du Dich endlich geliebt fühlen und auch mehr Liebe empfangen wirst:

Notiere jeden Abend 2 Situationen, in denen Du an diesem Tag eine Geste der Liebe, Zuwendung, Sympathie, der Hilfe oder des Wohlwollens von einem Menschen erhalten hast. Schreibe diese beiden Situationen auf, in denen Du Liebe (vielleicht in Form eines Lächelns) empfangen hast.

Diese Übung mag Dir vielleicht zunächst trivial erscheinen, aber wenn Du sie regelmäßig machst, wirkt sie Wunder in Deinem Leben:

Denn Du sammelst dabei kontinuierlich Beweise dafür, dass Dir Liebe und Sympathie entgegengebracht wird, ohne dass Du etwas dafür getan hast. Und durch das Sammeln von Beweisen, entwickelst Du in Deinem Kopf einen neuen Glaubenssatz:

Dass Dir Liebe zusteht! Dass Du sie erhältst, ohne etwas tun zu müssen, dass Du nicht für sie kämpfen musst...

Du wirst Dich mit diesem neuen Glaubenssatz nicht nur in jedem Moment Deines Lebens geliebt fühlen und das auch ausstrahlen, sodass die Menschen um Dich herum Dir durch das Gesetz der Anziehung tatsächlich mehr Liebe und Sympathien entgegenbringen werden, sondern Du wirst auch selbst liebevoller und dankbarer auf andere Menschen zugehen und natürlich auch dadurch andere Reaktionen erfahren. Du gerätst in einen positiven Glückskreislauf...

Kurz: Du wirst endlich die Liebe bekommen, nach der Du Dich vielleicht schon lange sehnst! Ohne Mühe... ohne

Kampf... so leicht und selbstverständlich wie Du es längst verdienst!

Und genau das wünsche ich Dir!!

Wie Du Beziehungen vertiefst

Weißt Du, wie Du sofort mehr Liebe in Dein Leben bringen und die Beziehungen zu anderen Menschen vertiefen und auf tieferer Ebene stabilisieren kannst?

Mache einem Menschen, der Dir nahe steht, ein besonderes Geschenk:

Schenke ihm Dein Verständnis!!

Aufrichtiges Verständnis zu schenken ist eines der wertvollsten Geschenke, die Du machen kannst, es lässt Liebe und Vertrauen zwischen zwei Menschen nur so aufblühen und festigt die Verbindung auf einer sehr tiefen Ebene...

Gemeint ist hier aber echtes Verständnis, nicht nur nach außen gezeigtes...

Kein Mensch ist dafür verantwortlich, uns unsere Bedürfnisse zu erfüllen oder uns glücklich zu machen.

Erlaube anderen Menschen ganz bewusst, ihre eigenen Entscheidungen zu treffen, ihre eigenen Prioritäten zu setzen und sich um ihre eigenen Bedürfnisse zu kümmern - auch wenn das Deinen Wünschen in manchen Situationen vielleicht entgegenstehen mag. Um Deine eigenen Wünsche solltest Du Dich selbst kümmern.

Wenn Du es schaffst, einem anderen Menschen echtes Verständnis dafür zu schenken, dass er das tut, dann wirst

Du dadurch unmittelbar mehr Liebe spüren. Und sehr wahrscheinlich kommt diese Liebe bei Deinem Gegenüber an und wird erwidert. Vielleicht nicht sofort, sondern nach einiger Zeit.

Mache heute einem Menschen, den Du magst, ein Geschenk:

Schenke ihm Dein aufrichtiges Verständnis für das was er ist und für das was er tut!

Glücksritual: Deine persönliche Glücksstunde

Ich habe eine überraschende Neuigkeit für Dich:

Glücklichsein ist nicht von den Umständen und auch nicht vom Zufall abhängig, sondern von einer inneren Entscheidung!

Von DEINER Entscheidung!

Ja, wir müssen uns entscheiden (!) für das Glücklichsein! Denn die Welt ist unendlich facettenreich und vielfältig.

Es gibt in JEDEM Augenblick - Montag Morgen wenn wir müde ins Büro fahren ebenso wie Freitag Nachmittag, wenn wir uns auf das Wochenende freuen - unzählige WUNDERBARE und großartige Elemente des Lebens, die wir BEMERKEN und uns anschauen können, oder die wir ignorieren können.

Ebenso gibt es in JEDEM Augenblick unbeschreibliches Leid, große Gefahren und ernsthafte Probleme, in denen wir uns verlieren können - oder auch nicht.

Wenn wir eine klare ENTSCHEIDUNG treffen für das Glücklichsein, wenn wir gelernt haben, unseren Fokus auf die großartigen Elemente des Lebens - die IMMER da sind - zu richten und es auch tun, und wenn wir den Mut aufbringen, uns für das Gefühl der Freude innerlich zu öffnen, das sich dann einstellt, dann können wir nicht mehr anders, als in diesem Moment glücklich zu sein!

Ich möchte Dich zu einem besonders schönen Ritual einladen, das sich hervorragend für den Montag Abend eignet: einer Glücksstunde einladen!

Deiner persönliche Glücksstunde.

Und so funktioniert sie:

Nimm Dir Montag Abend eine Stunde Zeit für Dich.

Entscheide Dich dazu, in dieser Stunde vor Glück nur so zu strahlen - OBWOHL nicht alles in Deinem Leben perfekt ist und Du womöglich Sorgen hast.

Beauftrage Deinen Fokus in dieser Stunde, die großartigsten Elemente Deines Lebens zu finden, zu erkennen und zu betrachten! Vergiss dabei nicht, auch in Deinem Inneren zu schauen:

Es kann zum Beispiel eine Quelle von unendlichem Glück sein zu erkennen, dass Du die Fähigkeit hast, einen Menschen zu lieben oder einen Menschen glücklich zu machen, ohne irgendetwas von ihm zu brauchen - und dass Du Dich ganz alleine dazu entscheiden kannst. Ja, dass Du in Wahrheit vollkommen frei bist... Niemand kann Dich daran hindern, zu lieben!

Öffne Dein Herz für die Freude und halte eine ganze Stunde lang ein Gefühl der intensiven Freude aus! Das ist gar nicht so einfach, aber Du solltest Dich unbedingt daran gewöhnen.

Wenn Du Dich wirklich auf diese Freude einlässt, wird sie Dir eine Kraft geben, die Dich durch die ganze Woche trägt... Und während andere Menschen sich über den Montag und die lange Woche beschweren, leuchtest Du vor Freude und Glück über Dein großartiges Leben!

Lebensziele finden – oder: was Sterbende am meisten bereuen

Als sterbende Menschen danach gefragt wurden, was sie in ihrem Leben am meisten bereuen, nannten sie am häufigsten die folgenden drei Dinge:

Dass ich nicht mutiger war und meine Ideen und Träume verwirklicht habe

Dass ich nicht mehr Zeit mit der Familie verbracht habe (diese Antwort kam besonders oft von Männern)

Dass ich meine langjährigen Freundschaften nicht gepflegt und aufrechterhalten habe

Kein einziger dieser Menschen wünschte sich, mehr Zeit im Büro oder vor dem Fernseher verbracht zu haben.

Nutze dieses Wissen, um Dein eigenes Leben so zu gestalten, dass Du nichts bereuen wirst, wenn Du einmal gehst...

Denn Dein Leben ist die Summe aller einzelnen Momente darin. Und JEDER Moment hat das Potenzial etwas ganz großes zu sein, wenn Du dafür sorgst!

Du bist der Gestalter Deines Lebens. Sorge DU dafür, dass Du Dich an ein Leben voller großartiger Momente zurück erinnern wirst!

Dazu kannst Du folgende Übung nutzen:

Schreibe in ein Notizbuch unter der Überschrift "MEIN GROSSARTIGES LEBEN!" 5 wirklich große Momente auf, die

Du in Deinem Leben noch erleben wirst! (nicht willst, sondern WIRST!).

Das können Dinge sein wie den Fujiyama zu besteigen, doch noch einmal zu heiraten oder Dein Herz noch einmal wirklich für die Liebe zu öffnen, tauchen zu lernen, ein großes Projekt zu verwirklichen oder Dich für Tiere in Not zu engagieren...

Wähle GROSSE Momente, die Dein Herz zum hüpfen bringen und die wirklich tief etwas in Dir bewegen!

Und nun sieh Dir Deine 5 großen Lebensmomente an und gib Deinem 80 jährigen ICH hier und heute ein Versprechen!

Versprich ihm, dass es einmal auf diese 5 Momente zurück blicken darf!

Und dann sorge dafür und plane noch diese Woche, wann und wie Du jedes dieser 5 Dinge in Deinem Leben verwirklichen wirst. Erstelle einen langfristigen Plan.

Willst Du glücklich sein, dann sammle Momente, nicht Dinge...

Die Macht unserer Gedanken

Wenn wir unser Leben ändern wollen, dann müssen wir zuerst unsere Gedanken ändern.

Die Entscheidung, worauf wir im Leben unseren Fokus richten, bestimmt, wie unser Leben aussehen wird.

Das wertvollste, das wir neben unserer Zeit und unserer Gesundheit haben, ist daher unser Fokus. Wir können lernen, wie wir ihn so einsetzen, dass wir ein glückliches Leben führen und uns unsere Wünsche erfüllen können. Tatsächlich ist unser Fokus der Schlüssel dazu!

Meine 3 Tipps für ein erfülltes & erfolgreiches Leben sind:

1. Richte Deinen Fokus bewusst in kleinen täglichen Ritualen auf das, wovon Du Dir mehr wünschst.

2. Ignoriere Deine Probleme nicht, aber richte Deinen Fokus immer nur dann und nur genauso lange auf Probleme und Leid, wie Du benötigst, um sie zu lösen oder um konkret zu helfen - und keine Sekunde länger.

3. Halte Dich von Menschen fern, die ihren Fokus unnötig lange auf Negatives, Gefahren, Ängste und Sorgen richten und suche die Nähe von Menschen, die ihren Fokus auf Wachstum, Möglichkeiten, Freude und Positives richten.

Jeder Mensch erzeugt mit seinen Gedanken Gefühle in sich und Gefühle sind ansteckend! Deshalb werden wir früher oder später so fühlen und die Welt so sehen wie die Menschen, mit denen wir uns umgeben.

Nimm Dein Leben selbst in die Hand und beginne mit Deinem Fokus.

Denn ein neues Leben beginnt mit neuen Gedanken...

2 Minuten Übung für mehr Selbstliebe

Ich möchte Dir meine kleine, aber außerordentlich wirkungsvolle Übung für mehr Selbstliebe vorstellen.

Sie wirkt durch die tägliche Wiederholung. Wenn Du sie mindestens 14 Tage lang täglich machst und Dich für 2 Minuten ganz darauf einlässt, wirst Du über die Wirkung überrascht sein!

Und hier ist sie:

Stelle Dich in wenigen Zentimetern Abstand vor einen Spiegel und sieh Dir 2 Minuten lang unentwegt in die Augen. Wenn Du willst, kannst Du Dir einen Wecker stellen.

Du wirst den Impuls spüren, den Blick abzuwenden. Widerstehe diesem Impuls und bleibe mit Deinem Blick unbeirrt bei Dir.

Schaue Dir nicht ins Gesicht, sondern in die Augen! Dort wirst Du Dich selbst wiederfinden...

Du bist so viel mehr als alle Deine Rollen und Dein Körper!

Du verdienst Deine ganze Liebe!

Mein Problemlösungsritual

Um ganz in meiner Kraft und in der Liebe sein zu können, brauche ich einen freien, unbelasteten Geist. Einen Geist, der frei ist von Problemen und Sorgen. Da Probleme aber ein Bestandteil des Lebens sind habe ich ein Prinzip für den Umgang mit meinen Problemen entwickelt und ein Ritual in meinem Alltag eingeführt, mit dem ich sie schnell und ohne viel Aufwand lösen kann.

Mein Prinzip für den Umgang mit Problemen oder auch Sorgen (um Andere) lautet:

Ich beschäftige mich immer nur dann und nur für genauso lange mit einem Problem oder mit meinen Sorgen, wie ich brauche, um das Problem zu lösen oder zu helfen – und dann wende ich mich wieder meinen positiven Gedanken zu.

Und damit mir das gelingt und sich meine Probleme nicht immer wieder in meine Gedanken schleichen, habe ich ein Problemlösungsritual entwickelt.

Jeden Donnerstag von 18 – 19 Uhr habe ich einen festen Termin in meinem Lieblingscafe, an dem ich mich mit genau einem Problem von mir beschäftige und es löse.

Mein Lieblingscafe deshalb, weil es dort den besten Kuchen der Stadt gibt und ich finde, wenn ich schon Probleme habe, dann spricht nichts dagegen, sie mit Stil zu lösen.

Und 18 Uhr deshalb, weil das Cafe um 19 Uhr schließt und indem ich mir genau eine Stunde dafür gebe, mein Problem zu lösen, zwinge ich mich, mich zu konzentrieren und Ablenkungen zu widerstehen. Und je konzentrierter ich bin, desto leichter fällt es mir, eine Lösung zu erarbeiten.

Aus dem Zeitmanagement weiß ich, dass wir immer genau so lange für eine Aufgabe brauchen, wie wir Zeit bekommen, um sie zu erledigen. Und die Praxis bestätigt mir das. Und indem ich die Frist kurz und überschaubar halte, sorge ich dafür, dass ich durchgehend konzentriert bleiben kann und so besser lösungsorientiert denken kann. Außerdem bin ich motivierter, wenn der Zeitraum nicht allzu lange ist und nicht zuletzt lässt sich der Termin auch einfacher in meinen Alltag integrieren, wenn er relativ kurz bleibt.

Und ich habe festgestellt: Es funktioniert wunderbar. Eine Stunde reicht aus! Und ich verlasse das Cafe jedes Mal mit einer Lösung und habe damit ein Problem weniger.

Ich führe eine kleine Problem-Liste in meinem Smartphone und notiere dort jedes Problem für das ich eine Lösung finden muss, sobald es auftaucht. Ganz egal ob das Auto kaputt ist, ich Ärger mit dem Finanzamt habe, ich ein gesundheitliches Problem lösen oder die Schwierigkeiten mit einer Kollegin oder meinen Projektpartnern aus der Welt schaffen möchte. Das Problem, das mich am meisten belastet, wird dann beim nächsten Donnerstags-Termin gelöst. Denn so entlaste ich meinen Geist am schnellsten und am wirksamsten.

Dafür definiere ich zunächst einmal ganz genau das Problem und schreibe auf, wie die Lösung aussehen soll. Dann betrachte ich die Angelegenheit aus der Vogelperspektive, so als sei nicht ich betroffen, sondern mir völlig fremde Menschen, die ich unbeteiligt von oben betrachte. Oft sehe ich aus dieser Perspektive sofort verschiedene Wege, mit denen sich das Problem lösen lässt und erkenne auch, welcher am einfachsten und schnellsten zum Ziel führt.

Dann entwerfe ich (bei größeren Problemen) einen Schritt für Schritt Plan und setze die nötigen Schritte auch gleich um. Wenn es E-Mails zu schreiben oder etwas zu im Internet recherchieren gibt, dann tue ich das (über mein Smartphone). Und wenn es ein persönliches Gespräch zu führen gilt, dann bereite ich mich mit Notizen auf das Gespräch vor und vereinbare den Termin.

All das lässt sich tatsächlich in einer Stunde schaffen und das Schöne ist: Wenn man diese Erfahrung einige Male gemacht hat, steigt nicht nur das eigene Selbstvertrauen enorm und das Stresslevel sinkt, weil ich weiß, dass Probleme nicht aufgeschoben werden, sondern bald für eine Lösung gesorgt wird. Es steigt auch die Konzentrationsfähigkeit und die Problemlösungskompetenz mit zunehmendem Training immer weiter und das macht innerlich immer ruhiger und zuversichtlicher.

Und das Beste ist natürlich:

Da ich meinen Donnerstagstermin sehr ernst nehme und jede Woche ein Problem in meinem Leben löse, habe ich auch immer weniger ungelöste Probleme in meinem Leben die mich belasten und habe viel mehr Energie für meine Vision, meine Träume und Wünsche und für schöne Lebensmomente.

Den Fokus schärfen – Mein Ritual für einen scharfen Fokus, mit dem ich Veränderungen herbeiführe

Um meine Probleme leicht und schnell lösen zu können, aber auch, um Dinge in meinem Leben oder auch meine innere Einstellung verändern zu können, brauche ich Konzentration und meine volle Aufmerksamkeit. Ja, ich brauche einen messerscharfen Fokus und um diesen zu bekommen, entwickle ich gezielt meine Fähigkeit, meinen Fokus zu schärfen und zu lenken. Denn diese Fähigkeit kann man trainieren wie einen Muskel. Ich mache also ein regelmäßiges Workout für meinen Fokus.

Wir wissen:

Energie folgt Aufmerksamkeit. Das, worauf wir unsere Aufmerksamkeit richten, wächst.

Dieses Gesetz können wir uns zunutze machen, indem wir lernen, unseren Fokus gezielt von bestimmten Dingen fort und immer wieder ganz bewusst auf andere Dinge zu richten: nämlich auf das, wovon wir uns im Leben mehr wünschen. Und dieses Vorgehen wirkt Wunder!

Natürlich geht das nur, wenn wir in der Lage sind, unseren Fokus zu lenken.

An dieser Stelle möchte ich Dir daher eine sehr simple, aber ungeheuer mächtige Übung verraten, mit der Du innerhalb von wenigen Tagen Deinen Fokus bereits enorm schärfen und lernen kannst, ihn zu kontrollieren und zu lenken.

Meine Übung hilft Dir außerdem – quasi als positive Nebenwirkung - eine Verbindung zu Deinem inneren Kern aufzubauen und ein Gespür für Dich selbst zu entwickeln und eine große innere Kraft und eine starke geistige Widerstandskraft (Resilienz) zu entwickeln.

Wenn Du sie regelmäßig machst, wirst Du Dich stark und weniger abhängig von anderen Menschen und den Umständen in Deinem Leben fühlen.

Ich empfehle Dir, diese Übung morgens und abends für jeweils wenige Minuten zu machen.

Täusche Dich nicht, falls Dir diese Übung trivial erscheinen sollte. Sie ist die Basis für die Kontrolle über Deinen Fokus und zugleich die Grundlage für ein starkes Selbstbewusstsein.

Und so geht es:

Setze Dich bequem und mit aufrechtem Rücken im Schneidersitz auf einen harten Untergrund (z.B. auf einen Teppich), schalte Dein Telefon aus und schließe die Augen. Atme ruhig ein und aus und beginne, Deine Aufmerksamkeit auf Deinen Atem zu richten und ihn zu verfolgen, bis Du innerlich ruhig wirst.

Stelle Dir dann eine weiße Fläche vor. Sobald Gedanken, Bilder oder Erinnerungen auftauchen (was bei Anfängern in der Regel alle paar Sekunden geschieht), schiebe diese

Gedanken und Bilder beiseite, bis die weiße Fläche vor Deinem inneren Auge wieder frei ist. Verliere die weiße Fläche niemals aus dem Blick.

Wenn Du nach einigen Minuten die Augen wieder öffnest, wirst Du Dich unmittelbar stärker, fokussierter, klarer, in Dir ruhend und mit Dir verbunden fühlen. Und mit jeder Meditation nimmt diese Wirkung zu, da Deine Konzentrationsfähigkeit immer weiter trainiert wird.

Diese kleine, trivial klingende Übung – eine Zen-Meditation - ist eine hoch effektive Methode, um Konzentration und Fokus zu schärfen und eine Verbindung zu unserem inneren Kern und unserer inneren Kraft herzustellen.

Wahrscheinlich wird es Dir anfangs nicht möglich sein, Dich 10 Minuten voll zu konzentrieren. Das ist kein Problem, steigere Dich einfach langsam. Beginne mit 4 oder 5 Minuten voll konzentrierter Meditation morgens und abends und steigere Dich jeden Tag um eine Minute. Wichtig ist aber, dass Du in diesen Minuten wirklich alles gibst (wie bei einem körperlichen Workout) und 100% konzentriert bleibst.

An Tagen, an denen Du sehr müde oder gestresst bist, nimm Dir nur 3 Minuten bei wirklich voller Konzentration, aber bleibe ebenfalls zu 100% präsent und kontrolliere in diesen 3 Minuten Deine Gedanken vollständig. Dadurch erzielst Du eine größere Wirkung als mit 10 oder 20 Minuten halbherziger Meditation mit abschweifenden Gedanken.

Der Zugang zu meiner wahren Kraft – Mein Geheimnis für ein unerschütterliches Selbstvertrauen

Es gibt eine Abkürzung zu einem dauerhaft starken Selbstbewusstsein, zu innerer Stärke, echter Zufriedenheit und einem extrem starken Selbstvertrauen. Und diese Abkürzung werde ich Dir nun verraten.

Sie besteht aus 3 Schritten und sie kann Dich und Dein Leben vollkommen verändern, ja geradezu revolutionieren, wenn Du damit wirklich Ernst machst.

ABER:

Du musst dafür wirklich aus Deiner Komfortzone heraus springen und diese Abkürzung wird Dein Selbstbewusstsein und Dein Selbstvertrauen auch nur dann wirklich entscheidend stärken, wenn Du sie konsequent umsetzt, und zwar nicht manchmal, sondern immer. Und ich werde Dir auch gleich erklären, warum das so wichtig ist.

Zunächst aber möchte ich Dir die Abkürzung vorstellen.

Sie besteht aus den folgenden drei Schritten:

<u>Schritt 1:</u>

Lege Standards für Dich und Dein Leben fest.

Damit ist nicht gemeint, dass Du festlegen sollst, was Du von Deiner Beziehung, Deinem Partner, Deinem Job usw. erwartest, sondern was Du VON DIR SELBST erwartest!

Diese Standards sind Dinge, die DU erfüllst, denen DU gerecht wirst, und zwar nicht manchmal, sondern IMMER.

Wir alle haben bereits unbewusst bestimmte Standards für uns definiert, die wir auch erfüllen, zum Beispiel, dass wir immer pünktlich sind (wenn uns das wichtig ist) oder dass wir immer unsere Rechnungen pünktlich bezahlen oder in unserem Beruf immer ein gutes Ergebnis erzielen. Und wir tun ganz selbstverständlich alles, was nötig ist, um diese Standards zu erfüllen.

Oft sind unsere Standards allerdings das Ergebnis von Erwartungen Anderer (wir glauben, wir MÜSSEN diese Dinge tun oder in einer bestimmten Weise erfüllen), und nicht Ergebnis unserer eigenen freien Entscheidung.

Ich möchte Dich ermutigen, selbst zu bestimmen, welche Standards Du Dir in Deinem Leben setzen und erfüllen möchtest und diese Standards auch wirklich ganz bewusst selbst zu festzusetzen.

Dabei spielt es keine Rolle, was Andere von Dir erwarten, sondern was DU tun und wie DU Dich verhalten musst, damit DU wirklich zufrieden mit Dir und stolz auf Dich sein kannst. Genau das ist nämlich der Punkt, an dem Deine Selbstsicherheit und Dein Selbstvertrauen einen massiven Aufschub erhalten: Wenn Du mit DIR wirklich zufrieden bist.

Frage Dich also ganz konkret:

Wie müsstest Du Dich in Deiner Beziehung, mit Deinen Kindern, mit Deinem Partner oder im Umgang mit Deinen

Kollegen verhalten (egal, wie sich die Anderen verhalten), um wirklich zufrieden mit DIR SELBST zu sein? Wie müsstest Du mit Problemen im Alltag umgehen? Wie müsstest Du Deinen Job erledigen? Was für ein Zuhause müsstest Du Dir und Deiner Familie schaffen? Wie müsstest Du Deine Finanzen regeln? Wie müsstest Du mit Deinem Körper und Deiner Gesundheit umgehen? Wie müsstest Du Dich im Alltag organisieren und mit Stress umgehen? …. Damit Du wirklich stolz auf Dich sein kannst?

Du könntest es zum Beispiel zu Deinem persönlichen Standard machen, immer pünktlich zu sein, geduldig mit Deinem Partner umzugehen (auch im Streit), Dich selbst und Deinen Tag so gut zu organisieren, dass Du abends immer ein offenes Ohr und Aufmerksamkeit für Deine Kinder hast. Oder auch, dass Du Deine Arbeitsergebnisse immer in einer bestimmten Qualität ablieferst oder die Geschäftsführung Deiner Firma bei der Erledigung von Sonderaufgaben immer begeisterst. Oder dass Du jeden Monat einen festen Betrag sparst (ohne Ausnahmen – für unvorhergesehene Ausgaben bildest Du zusätzliche Rücklagen) oder aber, dass Du Deinem Partner jeden Tag bewusst Wertschätzung zeigst.

Deine Standards sind Deine Erwartungen an Dich selbst, etwas das Du erfüllen musst. Und zwar nicht ab und zu, wenn die Umstände gerade günstig sind oder nichts dazwischen kommt, sondern IMMER und als grundsätzliches Prinzip. Genau das macht nämlich eine Verhaltensgewohnheit zu einem Standard und schenkt Dir wahre Selbstsicherheit: dass Du Dich darauf verlassen kannst, ja dass Du Dich auf Dich selbst verlassen, Dir selbst VERTRAUEN kannst. Und nur wenn Du das kannst, wenn Du also Deine neuen Verhaltensvorsätze zu verlässlichen Standards machst, wird Dein SelbstVERTRAUEN explodieren.

Um sie wirklich immer umsetzen zu können, ist es auch wichtig, dass Du hundertprozentig hinter Deinen eigenen Standards stehst. Das solltest Du sehr bewusst prüfen. Setze Dir niemals einen Standard, weil Du glaubst, ihn erfüllen zu müssen, sondern nur Standards, die Du erfüllen WILLST!

Du wirst durch neue Standards zu einem neuen Menschen. Und Du darfst und solltest unbedingt selbst bestimmen, was für ein Mensch Du sein möchtest. Breche aus den alten Rollen aus, von denen Du vielleicht dachtest, sie würden Dir ein Leben lang anhaften.

Du DARFST Dich neu erfinden! Und das KANNST Du auch:

Dass Du womöglich Dein Leben lang Probleme hattest, bestimmte Standards zu erfüllen (vielleicht bist Du „schon immer" chaotisch, kannst nicht mit Geld umgehen, bist ungeduldig oder hast wenig Empathie), heißt noch lange nicht, dass Du diese Dinge nicht ändern oder entwickeln kannst, wenn Du Dich dazu entscheidest. Lasse Dir das auch bitte nicht einreden. Schon gar nicht von Menschen, die selbst noch nie ernsthaft an ihrer eigenen Persönlichkeit gearbeitet haben.

Beginne einfach jetzt gleich: Nimm Dir einen Stift zur Hand und schreibe Dir jetzt Deine neuen Standards auf. Schreibe Dir auf, wie Du gerne wärst und wie Du gerne mit dem Leben umgehen würdest!

Und keine Sorge: es ist vollkommen normal, dass Du diese Standards im Moment noch nicht alle erfüllst. Du kannst Dich dorthin entwickeln! Sobald Du diese Dinge einmal als Standard für Dich festgelegt hast, wirst Du einen Weg finden, Deine Standards zu erfüllen und zu halten.

Deine Standards zu erfüllen wird ein MUSS für Dich und ist nicht mehr (wie vielleicht bisher) ein „es wäre schön wenn…" oder „ich weiss, ich sollte eigentlich…" oder „ich wäre gerne…".

Ja, Deine Standards werden Teil Deiner Identität und sie werden Dein Selbstbild ganz entscheidend formen. Lege sie also ruhig hoch fest und erwarte viel von Dir selbst! Aber (noch einmal, da es so wichtig ist):

Wähle nur Standards, hinter denen Du selbst stehst, die Dich begeistern und faszinieren, die Dein Herz höher schlagen lassen oder Dir das Gefühl geben, am richtigen Ort zu sein oder nachhause zu kommen.

Schritt 2:

Verpflichte Dich jedem einzelnen Deiner neuen Standards!

Solange Du Deine Standards einfach als ein „Nice to have" aufschreibst, als Wunschliste, wie Du gerne wärst, sind es noch keine Standards.

Erst wenn Du Dich klar für sie entscheidest und ALLES tust, was dafür nötig ist um sie IMMER zu erfüllen, werden sie wirklich zu Deinen Standards und formen so letztlich Deinen Charakter.

Denke daran:

Wer etwas wirklich will, der findet Wege, wer etwas nicht will, findet Ausreden!

Die Entscheidung liegt immer bei Dir.

Und ja, Charakter ist veränderbar! Wir können ihn formen! Und wir können es bewusst tun.

Es gibt kaum etwas kraftvolleres, als selbst dafür zu sorgen, dass wir uns zu dem Menschen entwickeln, der wir sein wollen (auch wenn wir dafür neue Dinge lernen, neue Fähigkeiten entwickeln, uns Vorbilder suchen und aktiv werden müssen), anstatt andere Menschen nur dafür zu bewundern und uns einzureden, dass wir niemals so sein könnten…

Schritt 3:

Schritt 3 ist deshalb die direkte Folge Deiner Entscheidung aus Schritt 2:

Sorge AKTIV dafür, Deine neuen Standards zu erfüllen. Und zwar IMMER! Mache das Erfüllen Deiner eigenen Standards zu Deiner ersten Priorität, zu einem MUSS, von dem Du Dich durch nichts und niemanden mehr abhalten lässt.

Dadurch werden Deine Standards zu festen Prinzipien und somit auch zu einem Orientierungspunkt, der Dir Kraft gibt. Etwas, das Dich durch das Leben führt und nach dem Du Dich und Dein Verhalten ausrichten kannst, ganz egal, was in Deinem äußeren Leben geschieht.

Ganz nebenbei wirst Du mit dieser Strategie übrigens auch von Ängsten und Unsicherheiten befreit, die irgendwann in Deinem Leben einmal dadurch entstanden sind, dass Du Dich dem Leben oder anderen Menschen (bewusst oder unbewusst) ausgeliefert gefühlt hast oder vielleicht immer noch fühlst.

Für unsere neuen Standards aktiv zu werden und sie ernst zu nehmen, ist deshalb so wichtig für unser Selbstbewusstsein, weil sich unser Selbstvertrauen dadurch aufbaut, dass wir unsere Standards nicht nur kennen, sondern auch ERFÜLLEN.

Wir beweisen uns dadurch, dass wir unsere eigenen Ziele erreichen können und das umsetzen können, was wir uns vornehmen. Dass wir also in der Lage sind, unser Leben selbst zu steuern, egal, wie die Umstände sind, und dass wir uns nicht von ihnen steuern lassen.

Das funktioniert natürlich nur, wenn Du Deine Standards immer und nicht nur in günstigen Umständen erfüllst. Und Du wirst sehen, je öfter Du das tust, desto rasanter wachsen Dein Selbstvertrauen, Dein Selbstbewusstsein und auch Dein Selbstwertgefühl, denn Du erlebst Dich selbst dann als jemanden, der positiv, konstruktiv und wertegeleitet mit dem Leben umgeht. Das ist pures Gold für Dein Selbstbild, denn es gibt keinen Menschen, der einen solchen Umgang mit dem Leben bei sich selbst und anderen nicht wertschätzen würde.

Jedes Mal, wenn Du Deine eigenen Standards erfüllst, sammelst Du also einen neuen Beweis dafür, dass DU Dein Leben steuerst und dass Du selbstbestimmt und konstruktiv mit dem Leben umgehst und bildest dadurch schon bald neue Glaubenssätze über Dich selbst, Deine Fähigkeiten und Deinen Wert (zum Beispiel für Deine Firma, Deinen Partner, Deine Familie, die Gesellschaft etc.) aus. Und diese Glaubenssätze formen Dein Selbstbild.

Wenn Du diese Strategie anwendest, sei deshalb wirklich konsequent. Mache keine halben Sachen, sondern treffe eine ernsthafte Entscheidung (und überlege Dir vorher gut, welche Standards Du WIRKLICH erfüllen, was für ein Mensch Du WIRKLICH sein oder werden willst) und dann setze Deine Prioritäten neu und starte durch zu Deiner neuen Identität!

Und nun zur praktischen Umsetzung:

Schreibe Dir Deine neuen Standards auf und nimm Dir anschließend noch einmal etwas Zeit, um sie Dir genauer anzusehen und sie zu prüfen.

Frage Dich bei jedem Standard: Ist das wirklich etwas, das Dich stolz macht? Ist das etwas, das Du wirklich immer erfüllen willst? Gibt es vielleicht noch andere Dinge, die Du an anderen Menschen bewunderst und die Du zu Deinen eigenen Standards machen willst? Auch wenn Du im Moment noch nicht genau weißt, wie Du sie erfüllen kannst: wenn Du Dich einmal ernsthaft dafür entscheidest, wirst Du einen Weg finden.

Prüfe und überarbeite also Deine Liste noch einmal, lege Deine finalen 10 Standards fest, für die Du Dich entscheiden willst (mehr sollten es zu Beginn nicht sein), und entscheide Dich auch wirklich für sie.

Sieh Dir nun in den kommenden Tagen die Liste mit Deinen 10 neuen Standards am besten täglich einmal kurz an. Damit Du es nicht vergessen kannst, tue das einfach immer zur gleichen Zeit, zum Beispiel gleich morgens nach dem Aufwachen. Ein kurzer Blick darauf genügt, um Dir Deine Standards in Erinnerung zu rufen, bis Du sie vollkommen verinnerlicht hast und automatisch danach handelst.

Und dann erfülle sie den Tag über. Lebe Deine Standards!

Wenn Du magst, kannst Du Dir abends zur zusätzlichen Stärkung Deines Selbstbewusstseins 3 Situationen aufschreiben, in denen Du an diesem Tag einen Deiner neuen Standards erfüllt hast.

Und wenn Du sie einmal in einer wirklich schwierigen Situation gehalten hast, dann belohne Dich ruhig mit einem kleinen Geschenk dafür.

Ich kann Dir nur ans Herz legen:

Wende diese ausgesprochen machtvolle Strategie an, erfinde Dich noch einmal ganz neu und revolutioniere dadurch Dein Leben!

Nicht wenn wir von Anderen oder vom Leben Dinge fordern, und uns möglichst viel vom Leben (oder anderen Menschen) nehmen (können), wachsen unser Selbstvertrauen, unser Selbstwertgefühl und unser Gefühl der inneren Stärke, sondern wenn wir uns selbst als unabhängig und selbstbestimmt erleben. Als einen Menschen, der sich selbst steuern und frei entscheiden kann, wie er mit Situationen und Menschen umgeht. Der in der Lage ist, mit dem Leben so umzugehen, dass er sich selbst und Andere glücklich machen kann wenn er es möchte.

Diese Kunst zu beherrschen ist die wahre Quelle eines starken Selbstbewusstseins.

Werde der Schöpfer Deines Lebens und Deines Glücks und lerne und beginne damit, anderen Menschen Glück zu schenken! Dann musst Du Dir über Dein Selbstbewusstsein nie wieder Gedanken machen…

Verzeihen und Groll loslassen ohne Selbstaufgabe

Ein wichtiger Grund, warum sich unser Herz im Laufe unseres Lebens manchmal für die Liebe verschließt und es uns schwer macht, wieder wirklich Liebe geben und empfangen zu können ist der, dass wir über die Jahre Groll aus Verletzungen, Zurückweisungen, Vertrauensbrüchen und Missverständnissen in uns ansammeln, weil wir nicht verziehen haben.

Verstehe mich nicht falsch:

Einem Menschen zu verzeihen heißt nicht, bei ihm bleiben zu müssen. Es heißt, ein Problem oder einen Schmerz loszulassen und unserem Herzen so zu ermöglichen, Menschen wieder zu vertrauen und zurück zur Liebe zu kommen.

Wir sollten uns deshalb im Verzeihen üben und es tun, wann immer uns das Verhalten eines Menschen enttäuscht – ganz egal, ob wir uns entscheiden, bei ihm zu bleiben oder zu gehen. Und zwar nicht nur in einer Partnerschaft, sondern auch mit unseren Freunden und Familienmitgliedern und allen Menschen, denen wir im Laufe unseres Lebens begegnen.

Hier möchte ich Dir zeigen, warum Verzeihen nicht das geringste mit Selbstaufgabe oder Nachgeben zu tun hat, sondern einzig und alleine DICH von altem seelischem

Ballast befreit und entlastet und wie Du es ganz einfach tun kannst.

Wenn Du in Groll an eine alte Situation oder Person gefangen bist und es Dir schwer fällt, Dich von diesem Groll zu lösen und loszulassen, dann kann Dir dieses Wissen zu dem entscheidenden Perspektivwechsel verhelfen, den Du benötigst, um aus vollem Herzen verzeihen zu können, OHNE dabei Deine eigenen Bedürfnisse und Grenzen zu übergehen:

Wenn wir wirklich verzeihen wollen, dann müssen wir annehmen, was der Andere getan hat und dafür müssen wir es verstehen.

Und dafür verrate ich Dir eine kleine und einfache, aber überaus wirkungsvolle Methode:

Auch wenn wir das, was ein Mensch uns angetan hat, nicht richtig finden, und wir uns endgültig von diesem Menschen gelöst haben oder lösen werden, so müssen wir - um wirklich annehmen zu können - erkennen, dass das Verhalten des Anderen in dem Moment FÜR IHN Sinn gemacht hat!

WIR können diese Situation vollkommen anders werten. Wir können uns darüber empören, uns verletzt fühlen und es persönlich nehmen soviel wir wollen... Doch vergeben können wir nur, wenn wir verstehen, dass das, was der Andere getan hat, IN SEINEN AUGEN in diesem speziellen Moment das Beste war, das er tun konnte und dass es für ihn Sinn ergeben hat.

Er hat es vielleicht getan, um sich zu schützen, oder als Reaktion auf eine vermeintliche Benachteiligung im Leben, vielleicht aus einem Gefühl der Vernachlässigung oder Kleinheit oder aus einer Angst heraus, die für uns gar nicht nachvollziehbar ist, und vielleicht auch aus einem Neidgefühl, das er nicht ertragen konnte und das ein Beweis für sein schwaches Selbstvertrauen ist. (Wenn wir etwas an Anderen sehen, das wir wollen und glauben, es bekommen zu können, hegen wir Bewunderung. Wenn wir etwas an Anderen sehen das wir wollen und überzeugt sind, es niemals bekommen zu können, hegen wir Neid und Missgunst und agieren nicht selten destruktiv und zerstören damit den Spiegel, mit dem der Erfolg des anderen uns unsere eigene gefühlte Unfähigkeit vorhält).

Verstehe SEINE Gründe! Er hatte Gründe! IMMER! Auch wenn sie ihm selbst vielleicht gar nicht bewusst waren und sind. Erkenne dadurch, dass es absolut nichts mit Dir zu tun hatte, sondern mit SEINEN Gedanken, seinen Bedürfnissen, seiner Weltsicht und seinen persönlichen Gründen.

In dem Moment, in dem Du das verstanden hast und es klar sehen kannst, wirst Du über der Sache stehen.

Wir sind frei - und wir können uns aussuchen, mit wem wir uns umgeben. Aber wenn wir lernen, nicht nur äußerlich loszulassen und neu zu beginnen, sondern auch innerlich loszulassen und wirklich zu vergeben, dann werden wir nicht nur äußerlich, sondern auch innerlich frei...

Selbstliebe lernen: Die Macht der inneren Stimme

Es gibt eine Instanz in uns, die unserem Selbstwertgefühl und unserem Selbstvertrauen sehr gefährlich werden und beides innerhalb kürzester Zeit zerstören kann, wenn wir sie nicht regulieren, und der wir deshalb unbedingt unsere Aufmerksamkeit schenken sollten:

Unsere innere Stimme.

Diese innere Stimme sitzt direkt in unserem Kopf und spricht unaufhörlich mit uns. Je nachdem, was sie uns sagt und in welchem Ton sie mit uns spricht, fühlen wir uns gut, gemocht und bestätigt, oder aber falsch, klein und unzulänglich.

Sie kann uns Dinge sagen wie „Kannst Du nicht aufpassen!", „Du machst Dich lächerlich!", „Geht das nicht schneller?", „So schaffst Du das nie", „Warum solltest ausgerechnet DU mit so etwas Erfolg haben, das haben schon ganz andere versucht". Wir ziehen dann automatisch den Kopf ein, lassen die Schultern hängen und fühlen uns schlecht, minderwertig, unsicher oder angespannt, wenn wir solche Dinge hören.

Unsere innere Stimme kann aber auch ganz anders mit uns umgehen. Sie kann uns sagen „Du siehst fantastisch aus!" oder „Du bist genial!", sofort richten wir uns auf, fühlen uns stolz und bestätigt. Oder sie kann uns Dinge sagen wie „Eins nach dem Anderen", „Immer mit der Ruhe, lass Dich nicht unter Druck setzen" oder „Du hast alles richtig gemacht!" und wir fühlen uns beruhigt und in Ordnung.

Unsere innere Stimme ist mächtig, wir sollten sie nicht unterschätzen. Bereits ein einziger Satz von ihr hat einen Einfluss auf unser Lebensgefühl, unser Selbstwertgefühl und unser Selbstvertrauen.

Stelle Dir vor, was geschieht, wenn ein Mensch über Jahre hinweg ständig Sätze hört, die ihn nieder machen, antreiben oder in Frage stellen. Wie muss ein solcher Mensch sich fühlen? Und wie wird sich jemand fühlen, der über Jahre hinweg täglich Bestätigung, Bewunderung, Lob und Mitgefühl entgegengebracht bekommt?

Das Fatale ist: wir glauben irgendwann an das, was uns immer wieder gesagt wird und halten es dann für wahr. Wir beginnen, uns entsprechend zu verhalten und bekommen dadurch zu allem Überfluss auch von unserer Außenwelt entsprechende Reaktionen, die unser Selbstbild bestätigen. Und wir merken es oft nicht einmal.

So kann es passieren, dass ein kluger, fleißiger, sehr fähiger und begabter Mensch sich permanent unzulänglich fühlt und sich für seine mangelnde Leistung selbst heruntermacht, dass er sich zu immer neuen Leistungen und besseren Ergebnissen antreibt, um sich auch nur einigermaßen im Spiegel betrachten oder anderen selbstbewusst gegenüber treten zu können.

Ebenso kann es passieren, dass ein sehr attraktiver Mensch sich selbst durch den Einfluss seiner inneren Stimme höchst kritisch betrachtet, sich für kleinste Makel verurteilt, niedermacht oder gar hasst, dass er sich selbst geradezu verabscheut oder seinen Körper ablehnt, weil und solange er nicht vollkommen makellos ist.

Es ist sehr wichtig zu verstehen, dass wir das Bild, das wir (und später auch Andere) von uns selbst haben, selbst erschaffen - und dass wir es jederzeit neu erschaffen können.

Das sollten wir daher sehr bewusst tun: unser gesamtes Lebensgefühl hängt davon ab. Und wir können nur in unsere Kraft und zur Liebe gelangen, wenn wir uns selbst innerlich aufrichten und nicht klein machen.

Es ist aus diesem Grund ungemein wichtig, dass wir unsere innere Stimme nicht länger unseren Feind sein lassen. Wir müssen sie zu unserem Freund machen!

Zu einem sehr guten, wohlwollenden Freund, der uns kennt und mag, so wie wir sind, der uns unterstützt und bestätigt und der uns lieb hat, ohne dass wir etwas dafür tun müssen. Der seine Worte vorsichtig wählt, wenn er mit uns spricht und der uns schont. Der uns selbst Kritik ausschließlich liebevoll und konstruktiv nahebringt. Und uns damit nicht in Frage stellt. Der niemals auf die Idee kommen würde, uns für unsere Schwächen nieder zu machen.

Genau so müssen wir mit uns selbst umgehen. Mit uns selbst sprechen. Jeden Tag, und jede Minute. Wir haben es verdient, ausgezeichnet und freundschaftlich behandelt zu werden.

Wie kannst Du nun vorgehen, um das zu erreichen?

Achte zunächst einmal einen ganzen Tag darauf, was Dir Deine innere Stimme den Tag über für Dinge sagt – und achte auch darauf, wie sie es sagt. Stelle Dir vor, mit einem anderen Menschen würde auf diese Art gesprochen. Du wirst dadurch einen guten Eindruck davon bekommen, wie Dein Selbstbild aussehen muss. Schreibe diese Sätze auf. Erinnern sie Dich an bestimmte Stimmen aus Deiner Vergangenheit? Falls ja, wem gehören diese Stimmen? Wer hat so mit Dir gesprochen? Vielleicht Deine Eltern oder Geschwister oder vielleicht auch Menschen außerhalb Deiner Familie? Vielleicht Deine Klassenkameraden oder Lehrer? Wie hast Du Dich damals dabei gefühlt?

Mache Dir Notizen, auch wenn die Erinnerung ein bisschen schmerzt. Dinge werden uns klarer, wenn wir sie aufschreiben und niedergeschrieben vor uns sehen. Und um sich wirklich davon lösen zu können, ist es wichtig zu verstehen, unter welchem Einfluss Du in der Vergangenheit und insbesondere als Kind standest, von welchen Menschen dieser Einfluss ausging und was er mit Dir gemacht hat.

Erst wenn Dir bewusst geworden ist, wie man Dich damals behandelt hat, kannst Du erkennen, dass es nicht Deine Schuld ist – dass Du nicht falsch bist - sondern dass andere Menschen vielleicht Fehler gemacht haben. Erst dann kannst Du Dich darin trainieren, diesen Stimmen nicht länger zuzuhören, ihnen keine Bedeutung mehr zu schenken - und Dir stattdessen bewusst bestätigende und unterstützende Dinge zu sagen.

Beginne so mit Dir zu sprechen, wie Du mit einem sehr lieben Freund sprechen würdest. Denke dafür einmal an den liebevollsten und herzlichsten Menschen, den Du je getroffen hast und wähle seine oder ihre Stimme in Gedanken aus, um mit Dir zu sprechen. Die Dinge, die sie zu Dir sagt, bestimmst Du selbst. Aber Du kannst Dir den Klang seiner oder ihrer Stimme ausleihen, um von der negativen Stimme in Deinem Kopf Abstand zu gewinnen und sie abzulösen.

Tue das in den nächsten Tagen täglich einmal ganz bewusst (zum Beispiel immer morgens unter der Dusche und abends beim Zähneputzen, oder auch im Auto an jeder roten Ampel oder in der Schlange im Supermarkt).

Deine innere Stimme wird diese neue Gewohnheit irgendwann übernehmen und beginnen, automatisch so mit Dir umzugehen, ohne dass Du sie noch bewusst steuern müsstest. Du erziehst dadurch Deine innere Stimme dazu, Dich gut zu behandeln und Dir eine treue Unterstützung zu sein, Dir Sicherheit und Bestätigung zu geben, anstatt Dich zu verunsichern.

Dein Selbstbewusstsein, aber auch Dein gesamtes Lebensgefühl werden sich dadurch massiv zum Positiven verändern.

Wie ich meine Wünsche Realität werden lasse

Ich möchte Dir hier ein Ritual zeigen, mit dem Du die Kraft der richtigen Visualisierung dafür nutzen kannst, um Deine Wünsche und Deine Vision für Dein Leben Realität werden zu lassen und alle Fülle in Dein Leben zu ziehen, die Du Dir wünschst und nur vorstellen kannst.

Dafür eignet sich das folgende kleine, aber ausgesprochen mächtige Ritual:

Nimm Dir jeden Abend ein paar Minuten Zeit, in denen Du ungestört bist und schalte Dein Telefon aus.

Lies Dir Deine Vision oder Deine Ziele für Dein Leben durch (Du kannst sie zum Beispiel wie im Kapitel „Was Sterbende am meisten bereuen" beschrieben erarbeiten und aufschreiben) und denke Dich in die Situation hinein. Stelle Dir vor, Dein Leben sei bereits so, wie Du es aufgeschrieben hast.

Und dann gehe den entscheidenden Schritt, der dafür sorgt, dass Dein Visualisieren diese neue Realität auch wirklich in Dein Leben zieht:

Erschaffe aus dem Gedanken an deine Vision starke und tiefe Emotionen!

Schließe dafür die Augen und fühle Dich in den Zustand hinein, in dem Du das, was Du Dir wünschst, mit voller Aufmerksamkeit nutzt, ganz und gar genießt und dabei große Freude erlebst!

Male Dir die Situation in schillernden Farben aus und spüre Dich selbst in der Situation mit allen Details, bis wirklich starke Emotionen in Dir entstehen, die Du sogar körperlich spürst.

Wenn Du Dir zum Beispiel eine tiefe Beziehung zu einem Menschen wünschst, dann spüre und sehe diesen Menschen vor Dir, mit seinem Energiefeld, seiner Ausdrucksweise, seiner Gestik und Mimik, seinen Augen, sieh seinen inneren Kern, sein Wesen, spüre intensiv Deine Liebe zu diesem Menschen, spüre, wie Du ihn in den Arm nimmst und sein Herz schlagen spürst...

Stelle Dir diese Situation ganz konzentriert für wenige Minuten so intensiv vor, dass wirklich starke Emotionen in Dir entstehen.

Und FREUE Dich wirklich tief über das, was Du Dir vorstellst.

Sei mutig, öffne Dich für diese paar Minuten ganz und lasse Dich ganz und gar von diesem wundervollen Gefühl durchströmen und erfüllen!

Genau das ist der entscheidende Trick, mit dem Du durch Visualisieren verbunden mit einem Gefühl der Dankbarkeit nicht nur in Deinem Inneren, sondern auch im Außen mehr Fülle in Dein Leben ziehst:

Es reicht nicht, nur an Deine Vision zu DENKEN: Du musst sie FÜHLEN!

Nur durch Emotionen erhöhst Du Deine Körperfrequenz so, dass Du im Außen durch das Gesetz der Resonanz genau diese Fülle anziehst.

Mein Tipp für Dich:

Teste dieses Visualisierungs-Ritual (5 Minuten täglich) für 30 Tage und beobachte, wie sich Dein Leben bereits in dieser kurzen Zeit auch im Außen verändert.

Mache Dir Notizen zu Beginn und auch zum Ende der 30 Tage wieder, um Dein Leben vorher und nachher zu vergleichen.

Werte nach 30 Tagen die Veränderungen aus, die sich in Deinem Leben bereits eingestellt haben. Du wirst überrascht sein.

Aber:

Du musst dieses Ritual in diesem 30 Tagen wirklich JEDEN Tag ausüben. Und Du musst Dich wirklich auf diese starken Emotionen einlassen (wenn auch immer nur für ein paar Minuten).

Nur dann wird es funktionieren.

Wenn Du das aber tust, dann wird Deine Vision eine enorme Sogkraft entwickeln und in einer überraschenden Geschwindigkeit Fülle, Freude, Liebe, inneren und äußeren Reichtum im Überfluss und jede Menge wundervolle Dinge in Dein Leben ziehen, von denen Du womöglich Jahrzehnte lang geträumt und die Du schon kaum noch für möglich gehalten hast.

Visualisierung so angewendet wird Dein Leben mit einer enormen Kraft revolutionieren und auf eine ganz neue Stufe bringen.

Probiere es aus!

Meine Vision für mein großartiges Leben:

Stresspause: Meine kleine Schneckenzeit

Die kleine Schneckenzeit ist meine Lieblingsübung für Achtsamkeit, Entstressung & Entschleunigung, die mich schnell und einfach aus einem gehetzten, überforderten oder gestressten Zustand zurück zu mir, zu innerer Ruhe und tiefer Entspannung und Verbundenheit mit mir selbst zurück führt.

Meine kleine Schneckenzeit dauert 30 Minuten und eignet sich auch wunderbar als Feierabendritual zum Abschalten von einem stressigen Tag.

Und so gehts:

Mache 30 Minuten lang ALLES, was Du tust, im Zeitlupentempo. Greife nach einer Tasse im Zeitlupentempo, spüle Geschirr wie eine Schnecke, räume Deine Einkäufe im Zeitlupentempo in den Kühlschrank.

Das klingt simpel, aber Du wirst merken, dass es ganz schön schwer ist, dieses Tempo wirklich so lange zu halten. Wir müssen oft erst einmal aushalten lernen, dass Dinge plötzlich länger dauern.

Wenn Dir diese Übung gut tut, richte die kleine Schneckenzeit doch als festes Ritual in Deinem Alltag ein, mit dem Du regelmäßig einen Gang herunter schaltest und wieder bei Dir selbst ankommst.

Die Übung eignet sich auch hervorragend als Soforthilfe-Maßnahme, um sich von einem gehetzten und stressigen

Tag zu erholen und sich von dem Gefühl von Überforderung oder auch innerem Druck zu befreien...

Auch wenn Dir diese Übung beim ersten Mal vielleicht noch schwer fallen sollte: denke immer daran: Die Fähigkeit, auf Dich und Deine Kräfte aufzupassen lässt sich entwickeln... und sie ist eine der wichtigsten Fähigkeiten, die Du für ein gutes Leben brauchst.

Übung macht den Meister...

Wenn ich mich einmal klein und wertlos fühle

Es gibt Tage im Leben von uns allen, da scheint nichts so recht zu klappen und da ist unser Selbstvertrauen und unser Selbstwertgefühl plötzlich ganz klein und wir haben das Gefühl, wir könnten gar nichts richtig machen.

Wenn ich mich einmal klein, wertlos oder unnütz fühle und das Gefühl habe, dass ich zu gar nichts zu gebrauchen, vielleicht sogar gar nicht wirklich wertvoll bin, dann tue ich etwas, das nur wenige in dieser Situation tun würden:

Ich suche nicht nach Bestätigung im Außen und gehe mir auch keine Schuhe kaufen, um mich abzulenken (das kann ich anschließend immernoch tun), nein: Ich tue das einzige, was mich wirklich schnell und gründlich aus diesem Gefühl herausholt, denn die Ursache ist mein in eine Schieflage geratenes Selbstbild. Und dieses kann ich nur verändern, wenn ich etwas tue, dass MICH (und nicht Andere) mich selbst in anderem Licht sehen lässt.

Ich gebe etwas wirklich Wertvolles in die Welt!

Etwas, das mir Mühe abverlangt. Ich tue etwas für Andere, gebe einen echten Wert in die Welt: Ich löse für jemanden, den ich lieb habe, ein Problem oder bringe ihn in seinem Leben weiter. Ich spende einen größeren Betrag Geld für Menschen, denen es nicht so gut geht wie mir, ich mache einen Menschen glücklich, der mir am Herzen liegt.

Probiere es einmal aus, wenn Du Dich das nächste Mal so fühlst.

Du wirst sehen, dass Dein schlechtes Gefühl nach diesem Schritt sofort von einer tiefen Zufriedenheit und einem starken, wieder gerade gerückten SelbstwertGEFÜHL vertrieben sein wird.

Gedankenblues (Depressive Verstimmung)

Wenn ich merke, dass meine negativen Gedanken einmal überhand nehmen oder sich ein Gefühl der Unlust, Kraftlosigkeit und Demotivation in meinem Leben ausbreitet und nicht mehr weggehen will, dann schaue ich mir eine ganz bestimmte Sache an:

Depressive Verstimmungen oder Stimmungstiefs, ja auch Depressionen entstehen oft durch ein Gefühl der Hilflosigkeit. Da unsere Gefühle von unseren Gedanken ausgelöst werden, mache ich mich auf die Suche nach dem Gedanken, der dieses Gefühl in mir auslöst.

Das passiert meist dann, wenn wir glauben (also bewusst oder unbewusst denken), keinen Einfluss auf unser Leben oder auf bestimmte Lebensbereiche zu haben, sie nicht aus eigener Kraft verändern oder verbessern zu können, und uns mit einer Situation dauerhaft abfinden, mit der wir uns nicht wohl fühlen oder in der uns etwas wichtiges fehlt.

Es geschieht, wenn wir – aus welchen Gründen auch immer - zu der Überzeugung gelangt sind, dass wir mit unseren Kräften und Fähigkeiten nichts ausrichten können, um unsere Situation zu verbessern, ja dass wir machtlos und damit hilflos sind, und dass sich die Situation für uns nicht mehr ändern wird.

Es geschieht dann, wenn wir glauben, dass eine negative Situation oder ein Zustand für uns endgültig ist.

Diese Überzeugung nennt man „erlernte Hilflosigkeit" und sie ist sehr gefährlich, denn sie nimmt uns unsere Hoffnung und damit unsere gesamte Kraft.

Ich überprüfe deshalb in solchen Situationen mein Leben: In welchen Lebensbereichen fühle ich mich hilflos? In welchen Situationen oder Bereichen bin ich zu der Überzeugung gelangt, dass ich nichts mehr tun kann, um sie zu verbessern, obwohl ich nicht glücklich bin?

Fast immer entdecke ich einen oder mehrere Lebensbereiche, in denen sich der heimtückische Gedanke der erlernten Hilflosigkeit eingeschlichen hat.

Und ich treffe eine Entscheidung:

Ich sage mir: Auch wenn ich jetzt gerade noch nicht weiß, wie ich meine Situation verändern kann, so weiß ich doch, dass ich zu einer Fehleinschätzung gekommen bin mit dem Gedanken, ich sei hilflos. Denn es gibt andere Menschen, die aus eigener Kraft die gleiche Situation unter den gleichen oder gar schwereren Ausgangsbedingungen verbessert oder verändert haben.

Und ich entscheide mich dafür, 5 Schritte zu gehen:

Schritt 1:

Ich suche mir Vorbilder, die ihr Leben in diesem Bereich oder diesen Bereichen aus eigener Kraft verändert haben und das leben, was ich mir wünsche. Solche Vorbilder muss ich nicht persönlich kennen, ich kann Biografien lesen oder mir im Internet kostenlos Interviews oder Berichte mit oder von solchen Menschen ansehen. Wir haben dort die großartige Möglichkeit, in Millionen von Leben hinein zu schauen, meist sogar ganz kostenlos.

Schritt 2:

Ich treffe die ENTSCHEIDUNG, eine Lösung zu finden, wie ich diesen Bereich so verändern kann, wie ich es mir wünsche! Die Frage ist ab diesem Moment nicht mehr, OB es geht, sondern WIE es geht.

Schritt 3:

Ich nehme das Thema als ein klar umrissenes Problem (anstatt einen verschwommenen Zustand) in meine Problemliste auf, um bei nächster Gelegenheit im Rahmen meines wöchentlichen Problemlösungsrituals einen Lösungsweg zu meinem neuen Ziel zu definieren.

Schritt 4:

Ich schärfe meinen Fokus mit meiner Zen-Meditation, um meine Kraft und Aufmerksamkeit zu konzentrieren und so leichter eine Lösung zu finden

Schritt 5:

Ich nehme mein Ziel in die Liste meiner persönlichen Standards auf, für die ich alles tun werde, um sie zu leben. So wird mein Ziel von einem „Nice to have" zu einem absoluten Muss!

Der Gedanke der Hilflosigkeit ist nach diesen 5 Schritten meist verschwunden und so lösen sich auch meine negativen Gefühle oft einfach in Luft auf…

Ein wichtiger Hinweis:

Wenn Du oft oder regelmäßig mit negativen Gedanken zu kämpfen hast oder eine Depression bei Dir vermutest, dann vertraue Dich bitte einem Arzt an. Du musst Dich dafür überhaupt nicht schämen. Ein Buch kann eine ärztliche Behandlung nämlich nicht ersetzen, sondern nur ergänzen. Und ein guter Arzt kann Dir helfen, wieder gesund zu werden. Denn Depressionen sind zwar eine Krankheit, aber sie müssen nicht zu einem Schicksal werden. Und Du kannst parallel dazu mit diesem Buch arbeiten.

Die Kunst des Loslassens

Wenn wir an etwas oder an jemandem festhalten und es uns schwer fällt, loszulassen, dann stehen dahinter oft zwei tiefere Ursachen, die gar nichts mit dem Menschen oder der Sache zu tun haben:

Erstens sind in der Situation mit dem Menschen oder der Sache meist wichtige (tiefe und vielleicht auch unbewusste) Bedürfnisse von uns erfüllt worden und wir fürchten, glauben oder sind uns sogar sicher, dass diese Bedürfnisse ohne diesen Menschen oder diese Sache unerfüllt bleiben müssen.

Zweitens haben die meisten Menschen Angst vor Veränderung und ein Loslassen bedeutet immer auch einen Neuanfang, und der macht Angst...

Wenn auch Du gerade damit ringst, jemanden oder etwas loslassen zu wollen oder zu müssen, und damit Schwierigkeiten hast, dann können Dir meine 3 Schritte des Loslassens helfen. Und hier sind sie:

Loslassen in 3 Schritten:

1. Mache Dir bewusst, welche Deiner Bedürfnisse dieser Mensch oder diese Sache erfüllt haben, die jetzt unerfüllt sind (Und sei wirklich ehrlich. Denke genau nach und mache am besten Notizen)

2. Lasse wichtige und tiefe Bedürfnisse niemals unerfüllt, sondern finde einen Weg, sie zu erfüllen. Aber wisse, dass

es immer (!) viele Wege gibt, um ein Bedürfnis zu erfüllen. Überlege Dir, wie Du Deine momentan unerfüllten Bedürfnisse ohne den Menschen oder die Sache erfüllen wirst, den/die Du loslassen möchtest.

3. Bereite Dich auf die Veränderung vor. Sie macht Dir weniger Angst, wenn Du eine positive Erwartung in Dir entwickelst von dem, was als nächstes in Deinem Leben kommen wird.

Nimm Dir dafür für einige Wochen jeden Abend vor dem Schlafengehen 15 Minuten Zeit, um Deine neue Lebensphase mit Deinen auf neue Weise erfüllten Bedürfnissen zu visualisieren.

Male Dir die kommende Zeit in den schönsten Farben aus und lasse diese Bilder die schönsten Gefühle in Dir wecken.

Du wirst bald merken, dass die Angst vor der Veränderung (und dem Loslassen) kleiner wird und schließlich verschwindet und dass der Mensch oder die Sache, die Du loslassen möchtest, immer mehr an Wichtigkeit für Dein Leben verliert.

Und Du wirst auch merken, dass Du plötzlich beruhigt in die Zukunft schaust, weil Du weißt, dass alle Deine wichtigen Bedürfnisse erfüllt werden, auch wenn Du loslässt...

Und wenn Du diese Sicherheit in Dir entwickelt hast und weißt, dass Du nichts mehr von dem Menschen brauchst, den Du loslassen wirst, dann kannst Du irgendwann vielleicht mit einem liebevollen Blick zurück schauen und hoffen, dass auch er sich alle seine tiefen Bedürfnisse erfüllen wird - ohne Dich - damit auch er glücklich sein kann.

Warum Du Dich selbst lieben musst, um achtsam zu leben

*Immer ist die wichtigste Stunde die gegenwärtige;
immer ist der wichtigste Mensch, der dir gerade
gegenübersteht;
immer ist die wichtigste Tat die Liebe.*

Meister Eckhart, deutscher Mystiker des 13. Jh

Du kannst nur lieben, was Du erkennen kannst. Und Du kannst nur erkennen, was Du wahrnimmst! Erfüllung erfährst Du, wenn Du es Dir gönnst, wieder tief zu lieben...

Deshalb schärfe Deine Achtsamkeit für das, was jetzt gerade IST, was Du jetzt gerade siehst, anstatt in Gedanken immerzu woanders zu sein.

Traue Dich!

Wenn es Dir jedoch schwer fällt, achtsam zu leben, obwohl Du nicht regelmäßig übermäßigem Stress ausgesetzt bist und Du Dich womöglich immer wieder einmal dabei ertappst, dass Du Dich für Eindrücke von außen oder neue Menschen und ihre Gefühle verschließt, um Dich zu schützen, dann habe ich eine überraschende Information für Dich:

Du solltest an Deiner Selbstliebe arbeiten!

Ja, tatsächlich hat sie viel mit unserer Fähigkeit zu einem achtsamen Leben zu tun, denn der Wunsch (oder Reflex) uns zu verschließen vor dem, was um uns herum geschieht, ist nicht nur ein Anzeichen für Stress, sondern auch ein Zeichen dafür, dass wir noch nicht gelernt haben, gut auf uns aufzupassen, uns im Auge von Verletzungen und Enttäuschungen zu schützen, uns zu behaupten und für uns einzustehen. Deshalb sehen wir manchmal lieber gar nicht mehr hin... Nehmen einfach nicht mehr wahr... Dieses Phänomen scheint gerade unsere gesamte Gesellschaft zu ergreifen...

Wenn es auch Dir schwer fällt, achtsam zu sein für das, was jetzt gerade um Dich herum ist, obwohl Du nicht an übermäßigem Stress leidest, dann wende Dich Dir selbst zu und lerne, Dein Herz besser zu schützen, damit es sich wieder trauen kann, sich ohne Sorge zu öffnen...Lerne und praktiziere Selbstliebe und mache sie zu Deiner Priorität. Denn der einzige, der wirklich auf Dich aufpassen kann, bist Du.

Wie Du tiefe Liebe leben kannst

Wer nichts weiß, liebt nichts.
Wer nichts tun kann, versteht nichts.
Wer nichts versteht, ist nichts wert.
Aber wer versteht,
der liebt, bemerkt und sieht auch...
Je mehr Erkenntnis einem Ding innewohnt,
desto größer die Liebe...
Wer meint, alle Früchte
würden gleichzeitig mit den Erdbeeren reif,
versteht nichts von den Trauben.

Paracelsus

Wenn Du Dir mehr Liebe in Deinem Leben wünschst, lerne, zu ERKENNEN, anstatt nur hinzusehen. Schaue tiefer...Denn wenn Du die Essenz des Lebens, jedes Lebewesens und unserer gesamten Schöpfung nicht nur sehen, sondern wirklich ERKENNEN und fühlen kannst, wirst Du das (vielleicht viel zu lange unterdrückte) Gefühl der Liebe, die in Deinem Herzen wohnt, nicht mehr zurückhalten können.

Wir alle sind schon einmal gefallen und wir werden wieder fallen... Und das tut weh. Doch wenn Du fällst, schmälert das die Liebenswürdigkeit unserer Schöpfung nicht.

Sie ist immernoch reine Liebe.

Du bist auf Deinem Lebensweg nur an bestimmte Kanten gestoßen, an denen ein Lebewesen nicht imstande war, diese Liebe durch sich hindurch fließen zu lassen und weiter zu geben - das hat Dir weh getan.

Lass Dich nicht täuschen:

Die Essenz allen Seins ist Liebe.

Sie kann nur nicht an allen Stellen bis zur Oberfläche durchdringen...

Deshalb geh weiter... Schaue tiefer...Und lerne wieder zu ERKENNEN, was IST!

Selbstliebe in der Praxis: Wie Du Dich selbst schützen lernst

Ich möchte Dir hier eine kleine und sehr simple Übung vorstellen, mit der Du lernen kannst, Dich selbst vor Einflüssen zu schützen, die Dir nicht gut tun.

Notiere dafür in Stichpunkten in Deinem Notizbuch:

Gibt es Menschen in meinem Leben, die mir nicht gut tun?

Gibt es Dinge in meinem Alltag, die mich belasten?

Habe ich Gewohnheiten, die meinem Körper oder meiner Seele schaden? Welche sind das?

Notiere anschließend in Stichpunkten:

Welche eine Sache von denen, die ich notiert habe, werde ich sofort ab heute aus meinem Leben verabschieden, um mich besser zu fühlen? (das kann auch der Kontakt zu einem Menschen sein).

Und falls nötig: wodurch ersetze ich sie?

Und notiere anschließend:

Welche 3 Dinge von denen, die ich notiert habe, werde ich innerhalb von 4 Wochen aus meinem Leben verabschieden, damit es mir besser geht?

Und falls nötig: wodurch werde ich sie ersetzen?

Es ist wichtig, dass Du Dir erlaubst, bewusst wahrzunehmen, was Dir gut tut und was nicht. Das ist die Grundlage dafür, dass Du Deine Bedürfnisse wahrnehmen lernst und das wiederum die Basis wenn es darum geht, dass Du Dich gut um Dich selbst kümmerst, also Selbstliebe praktizierst.

Kleines Achtsamkeitsritual für Dich selbst

Ziehe Dich für 3 Minuten an einen ruhigen Ort zurück. Setze Dich bequem hin und spüre in Dich hinein.

Frage Dich:

Wie geht es mir heute?

Was belastet mich gerade?

Worüber freue ich mich?

Wie geht es meinem Körper?

Bin ich angespannt?

Wo drückt etwas und will sich vielleicht äußern?

Was brauche ich gerade?

Hole es in Dein Bewusstsein und spüre es für einen Moment bewusst…

Dich selbst zu spüren ist die Voraussetzung dafür, ein Leben leben zu können, das Dir gut tut.

Leichte Übung für ein Leben in Balance

Notiere für diese Übung in Deinem Notizbuch:

Welche eine Gewohnheit kann ich ab heute in meinen Alltag integrieren, die mir so richtig gut tut und einen großen Unterschied für meine innere Balance ausmacht?

Integriere diese eine Gewohnheit ab heute in Dein Leben.

Selbstwert stärken

Nimm Dir 15 Minuten Zeit und notiere in Deinem Notizbuch:

5 Charaktereigenschaften, die Du an Dir magst

3 Stellen an Deinem Körper die Du liebst

5 Menschen für die Du wichtig bist oder in einmal wichtig warst

Die 5 größten Erfolge Deines Lebens

Ein positives Selbstbild aufbauen

Sammle heute im Zusammensein mit Anderen (Deinen Kollegen, Freunden, Deiner Familie) einen Beweis dafür, dass Du ein herzlicher Mensch bist.

Gehe also heute bewusst herzlich und verständnisvoll mit mindestens einem Menschen um und schreibe abends Deinen neuen Beweis (für Dein neues Selbstbild eines herzlichen und liebenswürdigen Menschen) auf.

Wenn Du möchtest, kannst Du auch aufschreiben, wie man auf Dich reagiert hat.

Kleine Übung für mehr Selbstvertrauen

Wir sind in Gedanken immerzu mit uns selbst im Dialog und stellen uns unentwegt in Gedanken Fragen, auf die unser Gehirn Antworten sucht (und findet).

Und ganz gleich, was für Fragen wir uns stellen: wir werden Antworten darauf finden!

Wenn wir uns z.B. fragen:

Wie kann ich meine Beziehung verbessern? Oder: Was macht mich für mein Unternehmen besonders interessant? werden wir darauf Antworten finden...

Wenn wir uns hingegen fragen:

Warum bin ich nur so ungeschickt bei Gehaltsverhandlungen? oder Warum traue ich mich bloß nicht, die wirklich interessanten Menschen anzusprechen? oder auch: Warum bin ich nur nicht so attraktiv/schlank/erfolgreich/witzig wie andere Menschen?

...dann werden wir auch darauf Antworten finden.

Die Kunst des inneren Wachstums und auch des Erfolgs in allen Bereichen liegt darin, seinen eigenen inneren Dialog zu durchschauen und zu beginnen, sich selbst die richtigen Fragen zu stellen! Denn diese formen unser Selbstbild und unsere Glaubenssätze und so auch unser Selbstvertrauen.

Und ohne ein gesundes Selbstvertrauen ist es extrem schwer bis unmöglich, erfolgreich zu sein.

Der Erfolgstrainer Tony Robbins geht sogar so weit, zu sagen:

The quality of your questions determins the quality of your life!

(Die Qualität Deiner Fragen bestimmt die Qualität Deines Lebens).

Wenn wir unser Selbstvertrauen aufbauen wollen, dann müssen wir also darauf achten, uns selbst Fragen zu stellen, die uns innerlich aufbauen, uns stark machen und unseren Glauben an und unser Vertrauen in uns selbst und unsere Fähigkeiten aufbauen. Und wir müssen aufhören, uns Fragen zu stellen, die uns selbst klein machen oder abwerten...

Dazu habe ich hier für Dich eine kleine Übung für mehr Selbstvertrauen.

Beantworte Dir selbst die folgenden 3 Fragen schriftlich:

1. 3 Gründe, warum mein Chef will, dass ich für ihn arbeite.
2. 3 Gründe, warum mein Partner mich wertvoll findet
3. 3 Gründe, warum ich eine attraktive Frau/ein attraktiver Mann bin

Du trainierst damit Dein Gehirn darauf, die Perspektive und den "Suchradius" zu ändern und Deinen Fokus gezielt auf Dinge zu richten, die Dich stark machen.

Trotzdem geht es hier nicht um reines positives Denken, sondern es geht darum, diejenigen Teile der Wirklichkeit zu entdecken und zu beleuchten, die Dich stark machen - und den Teilen der Wirklichkeit, die Dich schwächen, mit der Zeit immer weniger Bedeutung zu schenken...

Denn Du weißt ja: das, worauf wir unsere Aufmerksamkeit richten, wächst - im Positiven wie im Negativen!

Kleine Dankbarkeitsübung

Das, worauf wir unsere Aufmerksamkeit richten, wächst.

Wenn Du mehr Fülle in Dein Leben bringen möchtest, dann kannst Du die folgende kleine Übung ganz wunderbar dafür nutzen:

Schenke Dir jeden Tag 3 Minuten Zeit, um Deine Aufmerksamkeit auf die Fülle in Deinem Leben zu richten.

Notiere heute:

3 Dinge, die für Dich selbstverständlich sind, aber die Du sehr vermissen würdest, wenn sie plötzlich nicht mehr da wären (zB. Deine Füße, das Wasser aus dem Wasserhahn, Deine Eltern...)

3 Dinge, die in Deinem Leben einfach großartig sind!

3 Dinge, auf die Du Dich dieses Jahr freuen kannst!

Lasse Dich dabei ganz auf das positive Gefühl der Dankbarkeit ein, das sich in Dir ausbreitet, während Du diese Übung machst.

Lasse Dich davon erfüllen und spüre die Freude!

Noch eine kleine Übung für mehr Dankbarkeit

Wenn wir uns regelmäßig in Dankbarkeit üben und unseren Fokus darauf trainieren, die schönen Dinge in unserem Leben wahrzunehmen und zu schätzen, werden wir nicht nur sofort glücklicher, sondern wir ziehen nach dem Gesetz der Resonanz auch immer mehr Glück im Außen an.

Nimm Dir heute 2 Minuten Zeit für diese kleine Übung und beantworte für Dich selbst die folgenden 3 Fragen:

1. Welcher Hauptgrund fällt mir sofort ein, warum mein Leben großartig ist?

2. Welche 2 Gründe habe ich, anzunehmen, dass diese Woche ganz wunderbar für mich werden kann?

3. Welche 3 Gründe habe ich, anzunehmen, dass dieses Jahrzehnt ein ganz fantastisches für mich werden kann?

Übe Dich darin Deinen Fokus zu steuern, denn wie immer auch nach dieser Übung zur Erinnerung:

Energie folgt Aufmerksamkeit...

Deine Werte sind Dein Kompass im Leben

Nur wenige Menschen kennen ihre höchsten und persönlichen Werte genau. Und doch sind sie so wichtig… Denn sie sind unser Kompass, der uns den Weg zu unserem ganz persönlichen Glück, ja den Weg durch ein glückliches und erfülltes Leben weist.

Wir übernehmen Werte von unserer Familie, aus unserem beruflichen Umfeld, aus unserem Freundeskreis und von unserer Gesellschaft und glauben, es seien unsere eigenen. Und wir treffen unsere Entscheidungen im Leben danach…

Aber sind das wirklich die Dinge, die für UNS richtig sind?

Sind das die Dinge, für die wir wirklich hier auf dieser Erde sind?

Sind sie es, die wirklich zu UNSERER eigenen Wahrheit passen?

Ich möchte Dich dazu inspirieren, Dir einmal etwas Ruhe und Zeit zu schenken, um Dir Deinen persönlichen Kompass aufzubauen. Ziehe Dich zurück, mache es Dir schön, atme tief durch und beginne darüber zu FÜHLEN (nicht nachzudenken!), was Dir WIRKLICH das allermeiste im Leben bedeutet.

Was brauchst Du, um Dich wirklich wohl zu fühlen? Um Dein Herz zum Schwingen zu bringen? Um Dich im Inneren reich und erfüllt zu fühlen? Um voller Energie und Lebenskraft zu sein? Um aus vollem Herzen lachen zu können? Um Deine Augen zum Leuchten zu bringen? Um pure Freude zu spüren?

Um Dein Leuchten wieder zu finden?

Finde Deine 5 höchsten Werte im Leben und nutze sie als Kompass, von dem Du Dich durch das Leben führen lässt.

Du musst sie niemandem erzählen. Und Du musst niemanden kennen, der diese Werte teilt. Es geht hier nur um DICH! Darum, wieder zu Dir selbst zu finden und Deinen so kostbaren und einzigartigen Lebensweg so gehen zu können, wie es sich für Dich richtig anfühlt.

Denn was sich für DICH richtig anfühlt, was Dich zum Leuchten bringt, das ist Dein Weg...

Du wirst die wichtigen Antworten Deines Lebens nicht im Außen finden können, sondern nur in Deinem Inneren.

Beginne heute, baue Dir Deinen persönlichen Wertekompass auf und lege damit den Grundstein für Deine weitere und verbleibende Lebensreise...

2 Minuten-Übung für ein starkes Selbstbewusstsein

Nimm Dir heute 2 Minuten Zeit, um etwas für Dein Selbstbewusstsein zu tun und beantworte für Dich die folgenden 3 Fragen:

1. Welche 3-5 besonderen Talente habe ich? Worin bin ich ganz natürlich und ohne Anstrengung gut oder besser als andere Menschen?

2. Was habe ich heute gut gemacht? (mindestens 1 Sache - kleine Dinge zählen auch)

3. Was ist die schönste Sache, die ich anderen Menschen im täglichen Kontakt oder in Beziehungen geben kann?

Genau wie in vorigen Übungen verlangen auch diese Fragen nach einer positiven Antwort, die Dich aufbaut und stärkt. Sie sind so gestellt, dass Dein Gehirn beauftragt wird, Beweise dafür zu finden, dass Du in Dich und Deine Kräfte und Fähigkeiten vertrauen kannst!

Und genau auf diese Weise solltest Du Dir selbst ab jetzt Fragen stellen und Deinen inneren Dialog führen.

Denke daran:

Die Qualität unserer Fragen beeinflusst langfristig die Qualität unseres Lebens!

Kleine Zitronen-Übung

Wenn Dir das Leben eine Zitrone gibt, mache Limonade daraus!

Natürlich (auch) im übertragenen Sinne.

Bestimme einfach selbst, wie Du mit Deinen Umständen umgehst und was Du daraus machst. Du musst Dich noch lange nicht Deinem Schicksal fügen und Dich schlecht fühlen, nur weil vielleicht manch anderer in Deiner Situation das tun würde!

Denn Du kannst zwar nicht bestimmen, was Dir zustößt, aber Du kannst selbst und ganz alleine entscheiden, wie Du darauf reagierst. Mit welcher Sichtweise, Handlungsweise und damit auch mit welchem Gefühl Du auf das reagierst was Dir zustößt...

Und Du kannst sogar noch weiter gehen, und aus etwas vermeintlich Schlechtem ganz bewusst etwas Positives machen.
Das ist eine Kunst, die man lernen und üben muss, aber jeder Mensch kann sie erlernen! Auch Du.

Die größten Lebenskünstler sind die, die ihre Fähigkeit perfektioniert haben, aus negativ erscheinenden Dingen etwas Positives zu machen.

Mein Tipp:

Baue mit der kleinen Zitronen-Übung gezielt diese Fähigkeit auf, indem Du jede Woche eine Sache in Deinem Leben nimmst, über die Du Dich bisher geärgert oder gegrämt hast und daraus etwas machst, über das Du Dich freuen kannst!!

Und dann freue Dich!

Du wirst auch merken, dass in dem Maße, in dem Du lernst, den Umgang mit Deinen Lebensumständen selbst zu wählen, auch Dein Selbstvertrauen immer weiter ansteigt, Du Dich selbst als stark erlebst und ein hohes Maß an Zufriedenheit mit Dir selbst und Deinem Leben gewinnst.

Erschaffe Fülle!

Du bist der Schöpfer Deines Lebens

Alles beginnt in Deinen Gedanken...

Erst wenn Du in Deinem Herzen die Sonne aufgehen lässt, kann sie auch in Deinem Leben aufgehen.

Wenn Du in Dir selbst Liebe produzierst, Dankbarkeit wachsen lässt und Dein Glücklichsein kultivierst, dann wird sich all das auch in Deinem Leben ausbreiten...

Dann wirst Du nicht nur tiefe Erfüllung und innere Stärke finden, sondern Du wirst plötzlich vollkommen frei sein!

Du wirst nichts mehr von außen brauchen. Das ist der Moment, an dem Du nicht nur wissen, sondern wirklich verstehen wirst:

Du bist der Schöpfer Deines Lebens!

Kultiviere in festen Ritualen Deine Liebe, Deine Dankbarkeit und Dein Glücklichsein und beginne heute...

TEIL II

Dein Weg in die Praxis

3 Grundsätze, wie Du mit neuen Ritualen Dein Leben veränderst

Rituale sind ein wunderbar einfaches Mittel, um ohne Mühe große und kleine Veränderungen in unserem Denken und unserem Leben zu erreichen. Sie sind besonders wirksam, wenn es um eine Veränderung der inneren Einstellung geht. Denn durch das regelmäßige Wiederholen förderlicher Denk- und Verhaltensmuster entwickeln wir ganz automatisch neue Gewohnheiten, die uns ohne weiteres Zutun zu unserem gewünschten Ziel führen.

Hier möchte ich Dir drei Grundsätze erklären, die Du beachten solltest, damit die Rituale, die Du aus diesem Buch umsetzt, Dich sicher zum gewünschten Erfolg führen.

Der entscheidende Grund, warum der Erfolg bei manchen Menschen ausbleibt, ist nämlich der, dass sie neue Rituale zwar in ihr Leben einführen, aber sie nach kurzer Zeit wieder schleifen lassen oder aufgeben.

Daher sollten Rituale, mit denen Du ein bestimmtes Ziel erreichen oder eine bestimmte Veränderung in Deinem Leben herbeiführen möchtest, immer die folgenden drei Voraussetzungen erfüllen:

Grundsatz 1

Bringe für Rituale, die Du täglich durchführst, höchstens 5 Minuten Zeit am Tag auf

Dadurch stellst Du sicher, dass Du sie wirklich jeden Tag durchführen kannst, egal wie wenig Zeit Du hast. Rituale, mit denen wir unsere innere Haltung und unser Denken verändern möchten, finden meist auf der Ebene unserer Gedanken statt und benötigen nicht viel Zeit. Häufig sind es sogar nur einige Sekunden. Aber auch für andere Rituale gilt:

Wenn Du sie nicht wöchentlich, sondern täglich anwendest, dann musst und solltest Du nicht mehr als fünf Minuten am Tag dafür aufbringen. Wichtig ist jedoch, dass Du sie regelmäßig wiederholst. Und genau das ist die zweite Voraussetzung:

Grundsatz 2

Führe jedes kleinere Ritual täglich durch

Nicht einmal pro Woche, nicht mehrmals pro Woche, sondern täglich. Vor allem dann, wenn Du Deine Gedanken und Deine innere Einstellung ändern willst, musst Du Dein neues Denken täglich trainieren. Genau das solltest Du auch mit allen anderen Ritualen tun, die nur wenige Minuten dauern, um Deine neuen Verhaltensweisen zur Gewohnheit werden zu lassen. Ich empfehle Dir, es bei dem einen Mal pro Tag zu belassen, denn aus Erfahrung weiß ich:

Es ist sehr wahrscheinlich, dass Du es nicht dauerhaft durchhalten wirst, neue Rituale gleich mehrmals täglich auszuführen und sie bald schleifen lassen wirst. Der Schlüssel zum Erfolg ist aber die Regelmäßigkeit. Belasse es daher bei einer Wiederholung pro Tag, aber bleibe damit konsequent.

Grundsatz 3

Verknüpfe jedes neue Ritual mit einer bereits bestehenden Gewohnheit in Deinem Alltag

Führe ein Ritual täglich oder wöchentlich zur gleichen Zeit durch, so wirst Du es nicht vergessen. Damit ist nicht unbedingt eine feste Uhrzeit gemeint, sondern eine bestimmte, bereits bestehende, Gewohnheit in Deinem Tagesablauf, mit der Du Dein neues Ritual verknüpfst. Du kannst zum Beispiel Dein Ritual immer beim morgendlichen Duschen oder Zähneputzen durchführen (wenn es etwas ist, das auf der Ebene Deiner Gedanken stattfindet) oder als Feierabendritual direkt wenn Du von der Arbeit nachhause kommst. Oder gleich nach dem Aufwachen oder vor dem Zubettgehen...

Wähle einfach einen Zeitpunkt für Deine Rituale aus, der Dir angenehm ist und keinen Stress verursacht.

Wenn Du diese drei Grundsätze beachtest, wirst Du feststellen, dass Deine neuen Rituale schon bald zu festen Gewohnheiten werden, über die Du nicht mehr nachzudenken brauchst. So wird Dir die Umsetzung sehr leicht fallen, auch wenn Du nur wenig Zeit hast. Und der Erfolg, den Du damit schon nach kurzer Zeit erzielen wirst, wird Dich begeistern!

Deine Komfortzone und was passiert, wenn Du sie verlässt

Es gibt jedoch noch einen letzten Punkt den Du beachten solltest, wenn Du Veränderungen in Deinem Leben herbeiführen möchtest:

Deine Komfortzone!

Denn sie ist es, die Dein Wachstum blockieren oder auch fördern kann, je nachdem, ob Du richtig mit ihr umgehst und sie verstehst.

Unsere Komfortzone ist der Bereich, in dem wir uns auskennen und uns wohlfühlen, in dem uns die Dinge leicht fallen und wir uns nicht überwinden müssen. Sie ist bei jedem Menschen unterschiedlich groß und verändert sich im Laufe unseres Lebens. Und sie kann von uns ganz bewusst erweitert werden.

Jedes Mal, wenn wir uns in eine neue Situation begeben oder etwas tun, vor dem wir Angst haben, verlassen wir unsere Komfortzone und begeben uns in die Lernzone.

Die Lernzone ist der Bereich, in dem wir unsere Fähigkeiten erweitern, Blockaden lösen und besser werden können.

Dahinter befindet die Panikzone. In sie geraten wir, wenn wir uns zu weit aus unserer Komfortzone herauswagen.

Ängstliche Menschen haben die Tendenz, in ihrer Komfortzone zu bleiben. Mutige Menschen haben die Tendenz, sich aus der Komfortzone heraus in ihrer Lernzone zu bewegen. Sie fühlen sich gefordert, aber auch lebendig in der Lernzone, während ängstliche Menschen die unbekannte Lernzone als besonders bedrohlich erleben.

Ein Beispiel:

Nehmen wir an, Du bist schüchtern und es fällt Dir schwer, fremde Menschen anzurufen. Wenn Du mit einem alten Freund telefonierst, dann bist Du in Deiner Komfortzone, in der Du Dich wohl fühlst.

Wenn Du in einem Restaurant anrufen musst um eine Reservierung zu machen, musst Du Dich ein Stück aus Deiner Komfortzone hinaus in die Lernzone bewegen und das kostet bereits Überwindung.

Wenn Du nun allerdings für Deine Firma eine internationale Telefonkonferenz mit der Management-Etage aller Konsortialpartner Deines Unternehmens aufsetzen musst um die Vertragsverhandlungen für einen Multi-Millionen-Auftrag zu leiten, dann wärst Du wahrscheinlich in Deiner Panikzone.

Wenn wir unsere Komfortzone erweitern und in Situationen sicher werden wollen, die uns bisher schwer gefallen sind, dann müssen wir uns dafür zu Beginn etwas überwinden und uns in der ersten Zeit täglich ein Stück aus unserer Komfortzone heraus in die Lernzone wagen.

Aber immer nur ein kleines Stück! Überfordere Dich nicht.

Meide die Panikzone (besonders am Anfang) wie der Teufel das Weihwasser, denn sie wird Dir so große Angst machen und Du wirst durch die Überforderung wahrscheinlich tatsächlich kleinere oder größere Misserfolge erleiden, dass Du ganz schnell wieder in Deiner Komfortzone zurück bist und Dich weigern wirst, diese noch einmal zu verlassen.

Du brauchst gute Gründe, um Deine Komfortzone zu verlassen – Finde DEINE Gründe!

Wie aber können wir uns dazu motivieren, unsere Komfortzone zu verlassen, wenn wir uns doch offensichtlich außerhalb von ihr nicht wohl fühlen?

Unsere Komfortzone zu verlassen und sie dadurch zu erweitern kostet uns Überwindung und wir Menschen suchen von Natur aus immer zuerst den einfachen, bequemen Weg. Um uns zu etwas Unangenehmem zu überwinden, brauchen wir also gute GRÜNDE.

Unser WARUM (unsere Motivation) muss stärker sein, als der Widerstand den wir verspüren. Wir benötigen also SEHR gute Gründe und die sollten wir kennen, bevor wir beginnen, unsere Komfortzone zu verlassen!

„Wenn Du ein WARUM zum Leben hast, erträgst Du jedes WIE" sagte schon Friedrich Nietzsche.

Diese Worte können wir auf jede Aufgabe übertragen, der wir uns im Leben stellen möchten und auf jede Veränderung, die wir herbeiführen wollen.

Wenn wir einmal unser WARUM dafür gefunden haben, dann werden wir uns überwinden und bereit sein, den Preis dafür zu bezahlen.

Deshalb möchte ich Dich dazu einladen, diesen Schritt heute ganz bewusst zu gehen und Dir, bevor Du beginnst, die Rituale und Übungen aus diesem Buch regelmäßig anzuwenden, DEIN persönliches WARUM, DEINEN GRUND, warum Du bestimmte Veränderungen in Deinem Leben erzielen willst, ganz deutlich bewusst zu machen.

Du wirst merken, dass es Dir, sobald Du Dein WARUM vor Augen hast, VIEL leichter fallen wird, Dich in den kommenden Wochen und Monaten jeden Tag ein kleines bisschen zu überwinden und sich aus Deiner Komfortzone heraus zu wagen.

Bevor Du mit der Arbeit mit diesem Buch beginnst, möchte ich Dich deshalb dazu einladen, Dir selbst jetzt gleich einmal schriftlich die folgenden vier Fragen zu beantworten und Dein ganz persönliches WARUM aufzubauen:

1. Woran hindert mich die Situation oder Sache, die ich verändern will, im Moment (oder in der Vergangenheit)? (mindestens 5 Dinge notieren)
2. In welchen konkreten Situationen habe ich bisher Nachteile erlitten, weil ich in dieser Situation festgesteckt bin oder bestimmte Fähigkeiten noch nicht entwickelt hatte? (mindestens 3 Situationen, besser 5)
3. Was kann ich erreichen/bekommen, wenn ich mit Hilfe der Übungen und Rituale aus diesem Buch mein Leben verändert habe? (mindestens 3 Dinge, besser 5 notieren)
4. In welchen Situationen werde ich ganz konkret in 30 Tagen Vorteile haben, sobald ich diese

Veränderungen in meinem Leben erzielt habe? (mindestens 5 Dinge notieren).

Nun kann Dein Weg in die Praxis beginnen...

Und zum Schluss...

Ich hoffe, es hat Dir Freude gemacht, in diesem Buch zu lesen.

Du hast nun das Wissen und die nötigen Anleitungen, wie Du Dir ein großartiges Leben erschaffen kannst.

Doch nun stehst Du vor dem entscheidenden Schritt, der darüber entscheidet, ob dieses Buch Dich und Dein Leben verändern wird, oder ob Du es in wenigen Wochen wieder vergessen hast:

DEINEM Schritt in die Praxis.

Daher ist dieser letzte Tipp von mir der wichtigste des gesamten Buches:

Setze Dein neues Wissen JETZT um!

Warte nicht damit, sondern beginne heute mit dem ersten Schritt!

Du weisst ja:

Nicht Wissen ist Macht, sondern angewandtes Wissen. Nicht-angewandtes Wissen vermag nichts zu verändern... Sorge deshalb dafür, dass Du dieses Buch nicht umsonst gelesen hast.

Wenn Du mit diesem Buch ernsthaft arbeitest und Dich wirklich darauf einlässt, wird sich Dein gesamtes Leben und auch Dein Lebensgefühl in kürzester Zeit auf sehr tiefer Ebene verändern. Das verspreche ich Dir!

Der erste Schritt dazu ist Dein bedingungsloses JA!

Denn alles beginnt mit einer Entscheidung!

Lebe nicht länger unter Deinen Möglichkeiten, sondern entdecke und entfessle Deine wahre Größe, setze sie mutig und proaktiv ein, um für Dich und andere Menschen Wertvolles zu erschaffen und beginne, Dein Leben wirklich zu leben...

Unsere tiefste Angst ist nicht, dass wir unzulänglich sind.
Unsere tiefste Angst ist, dass wir unermesslich machtvoll sind.
Es ist unser Licht, das wir fürchten, nicht unsere Dunkelheit.

Wir fragen uns:
Wer bin ich eigentlich, dass ich leuchtend, hinreißend, talentiert und fantastisch sein darf?
Wer bist du denn, es nicht zu sein?
Du bist ein Kind Gottes.

Dich selbst klein zu halten, dient der Welt nicht.
Es hat nichts mit Erleuchtung zu tun, wenn du dich kleiner machst,
damit andere um dich herum sich nicht verunsichert fühlen.

Wir sollen alle strahlen wie die Kinder.
Wir wurden geboren, um die Herrlichkeit Gottes zu verwirklichen, die in uns ist.

Sie ist nicht nur in einigen von uns; sie ist in jedem Einzelnen.

Und wenn wir unser eigenes Licht erstrahlen lassen, geben wir unbewusst anderen Menschen die Erlaubnis, dasselbe zu tun.
Wenn wir uns von unserer eigenen Angst befreit haben, befreit unsere Gegenwart andere ganz von selbst

Marianne Williamson

(zitiert von Nelson Mandela in seiner Antrittsrede)

Ich wünsche Dir von Herzen alles Gute!

Bis bald, vielleicht in einem meiner anderen Ratgeber. Ich würde mich freuen!

Deine Cosima Sieger

Ein passendes Notizbuch zu diesem Buch im gleichen Design kannst Du ebenfalls bei Amazon bestellen.

Anhang, Haftungsausschluss und Copyright

Was denkst Du?

Wenn Dir dieses Buch gefallen hat, freue ich mich auf Deine Bewertung bei Amazon! Eine kurze Bewertung gibt mir meine Motivation, um weitere Ratgeber für diese Reihe zu schreiben und auch das Wissen, wie ich sie so gestalten kann, dass ich Dir damit am besten helfe.

Selbstverständlich ist sowohl positives, als auch negatives Feedback willkommen. Mit beidem kann ich meine Bücher kontinuierlich für meine Leser verbessern, und das ist mir sehr wichtig. Über positives Feedback freue ich mich aber natürlich ganz besonders.

Bitte unterstütze mich und meine Arbeit, schenke mir jetzt noch 2 Minuten Deiner Zeit und schreibe jetzt gleich eine kurze Bewertung zu diesem Buch.

Von Herzen Danke für Deine Hilfe!

Sie ist für mich sehr wichtig!

Haftungsausschluss, Impressum & Eigentumsrechte

Wir sind bemüht, alle Angaben und Informationen in diesem Buch korrekt und aktuell zu halten. Trotzdem können Fehler und Unklarheiten leider nie vollkommen ausgeschlossen werden. Daher übernehmen wir keine Gewähr für die Richtigkeit, Aktualität, Qualität und Vollständigkeit der vorliegenden Texte und Informationen.

Für Schäden, die durch die Nutzung der bereitgestellten Informationen mittelbar oder unmittelbar entstehen, haften wir nicht, solange uns nicht grob fahrlässiges oder vorsätzliches Verschulden nachgewiesen werden kann. Für Hinweise auf eventuelle Fehler oder Unklarheiten sind wir Ihnen dankbar.

Impressum:

Die Autorin Cosima Sieger wird vertreten durch:

Miriam Al-Kebbeh
Niedernhausener Strasse 45
60326 Frankfurt am Main
E-Mail: info@freizeitgewinnen.de

Alle Texte und Bilder dieses Buches sind urheberrechtlich geschütztes Material und ohne explizite Erlaubnis des Urhebers, Rechteinhabers und Herausgebers für Dritte nicht nutzbar. Alle etwaigen in diesem Buch genannten Markennamen und Warenzeichen sind Eigentum der rechtmäßigen Eigentümer. Sie dienen hier nur zur Beschreibung der jeweiligen Firmen, Produkte oder Dienstleistungen.

Mein Ideenjournal für ein großartiges Leben

Mein Ideenjournal für ein großartiges Leben

Mein Ideenjournal für ein großartiges Leben

Mein Ideenjournal für ein großartiges Leben

Mein Ideenjournal für ein großartiges Leben

Mein Ideenjournal für ein großartiges Leben

Mein Ideenjournal für ein großartiges Leben

Mein Ideenjournal für ein großartiges Leben

Mein Ideenjournal für ein großartiges Leben

Mein Ideenjournal für ein großartiges Leben

Mein Ideenjournal für ein großartiges Leben

Printed in Poland
by Amazon Fulfillment
Poland Sp. z o.o., Wrocław